人邮普华
PUHUA BOOK

我
们
一
起
解
决
问
题

从PMO到VMO

价值交付管理

[美]桑吉夫 · 奥古斯丁
（ Sanjiv Augustine ）

[美]罗兰 · 库勒尔　　著
（ Roland Cuellar ）

[美]奥德丽 · 斯切尔
（ Audrey Scheere ）

傅永康　陈万茹　徐椿景　译

王　军　审校

人民邮电出版社

北　京

图书在版编目（CIP）数据

从 PMO 到 VMO：价值交付管理 ／（美）桑吉夫·奥古斯丁（Sanjiv Augustine），（美）罗兰·库勒尔（Roland Cuellar），（美）奥德丽·斯切尔（Audrey Scheere）著；傅永康，陈万茹，徐椿景译 . 北京：人民邮电出版社，2024. 8. -- ISBN 978-7-115-64046-8

Ⅰ . F272

中国国家版本馆 CIP 数据核字第 2024TZ4177 号

内 容 提 要

近年来，敏捷理念被引入传统项目管理后，很多企业都在探索项目管理办公室（PMO）的转型策略，以适应从预测型的传统项目管理向敏捷项目管理模式的转变。

本书从 PMO 的转型切入，引入了价值管理办公室（VMO）的概念，围绕这个概念对 VMO 的工作职能进行了描述。此外，本书引入了很多方法、工具和真实的案例，详细讨论了在敏捷环境下，组织如何将工作重点从项目管理转移到价值交付管理，如何将传统的 PMO 转变为 VMO，如何处理资金和预算问题，以及如何利用现有的组织架构来实现组织期望的工作成果等。

本书提出的将 PMO 转变为 VMO 的理念和策略是国际项目管理领域最前沿的思想，可以帮助组织引领敏捷的未来，对企业领导者、项目经理、PMO 管理者等有较高的参考价值。

◆ 著　　[美] 桑吉夫·奥古斯丁（Sanjiv Augustine）

　　　　[美] 罗兰·库勒尔（Roland Cuellar）

　　　　[美] 奥德丽·斯切尔（Audrey Scheere）

　　译　　傅永康　陈万茹　徐椿景

　审　　校　王　军

　责任编辑　杨佳凝

　责任印制　彭志环

◆ 人民邮电出版社出版发行　　　北京市丰台区成寿寺路 11 号

邮编 100164　电子邮件 315@ptpress.com.cn

网址 https://www.ptpress.com.cn

北京九州迅驰传媒文化有限公司印刷

◆ 开本：720×960　1/16

印张：14　　　　　　　　　　　2024 年 8 月第 1 版

字数：200 千字　　　　　　　　2025 年 7 月北京第 4 次印刷

著作权合同登记号　图字：01-2023-6152 号

定　价：79.80 元

读者服务热线：（010）81055656　印装质量热线：（010）81055316

反盗版热线：（010）81055315

我们的朋友和同事罗兰·库勒尔（Roland Cuellar）

不幸于 2021 年 4 月 29 日去世。

罗兰，我们怀着最深切的悲痛、最美好的回忆、

最崇高的敬意将这本书献给你，

我们非常有幸认识你，并与你分享这尘世的旅程。

桑吉夫：

感谢苏嘉莎（Sujatha）、萨米尔（Sameer）、桑迪娅（Sandhya）和我的家人们。

罗兰：

感谢艾莉森（Alison）和托尼（Tony），永远感激你们。

奥德丽：

感谢D、B和G。

致　谢

当敏捷运动兴起时，我们有幸恰逢其时地遇到了许多志同道合的领导者，并与其共事了 20 年。对于那些与我们合作、为我们提供指导和咨询，或得到过我们指导的人，我们表示感谢。我们要感谢客户对我们的信任，感谢客户与我们共同努力改善他们的组织。在这个过程中，我们建立了良好的合作关系并收获了友谊，我们对此深感欣慰。

特别诚挚地感谢来自全美互惠保险公司的朋友们，他们与我们共同走过了十多年的敏捷之旅。

首先，感谢查理·肯尼迪（Charlie Kennedy）——我们长期的合作伙伴。多年来，他花费了大量的时间为我们提供了宝贵的指导，也为这本书的写作提供了帮助。我们感谢他花时间审阅我们的书稿，给予我们真诚的反馈，以及与我们共同致力于向全世界分享价值管理办公室（VMO）模式。

其次，感谢我们的 LitheSpeed 团队，在我们努力使人们的工作更有价值、更有效率和更有成就感的过程中，他们给予了我们无限的支持和启发。我们从我们的团队成员身上学到了很多。

最后，感谢我们的家人。为了工作，我们曾经在办公室里通宵达旦，或者在旅途中奔波。我们在职业生涯中取得的任何成就都离不开他们坚定不移的爱和支持。

本书赞誉

这本书提供了一个清晰的路径，即如何利用组织现有的团队及其能力实现价值。读完这本书，你会明白从产生想法到交付客户价值的过程中，什么是有价值的、如何衡量价值，以及如何优化价值流。

——埃文·利伯恩（Evan Leybourn）

业务敏捷研究院联合创始人兼首席执行官

这本书可以帮助很多公司有效管理规模化精益敏捷交付系统。这是一项伟大的成就，它告诉我们如何通过敏捷团队来平衡项目组合管理和规范化管理之间的需求。

——托马斯·派德（Thomas Paider）

《财富》100 强科技公司高管，

《精益 IT 领域指南》（*The Lean IT Field Guide*）合著者之一

这本书描绘了一幅路线图——将敏捷转型扩展到 IT 之外的领域。这本书提供了令人信服的证据和 IT 领导者应遵循的行动指南，以提高组织整体交付的速度、质量和效率。

——凯文·G. 费希尔（Kevin G. Fisher）

全美互惠保险公司精益 IT 部前副总裁

这本书提供了一个愿景和一幅路线图，让我们可以将传统的项目管理办公室（PMO）转变为价值管理办公室（VMO），这种新的管理模式专注于测量、优先级排序和交付客户价值。如果你是一位项目经理或 PMO 工作者，这是一本必读的书，它可以帮助你引领组织敏捷的未来。

——阿史那·霍达（Rashina Hoda）博士

莫纳什大学副教授

我们应跟随精益、敏捷和设计思维的重要发展，再看看它们适用于繁忙的 PMO 中的哪个环节，这是一项挑战。这本书列出了所有主要的构建模块，并解释了它们如何相互配合，以创建一个有效的 VMO，从而增加价值并支持团队和业务发展。

——迈克·格里菲思（Mike Griffiths）

Leading Answers 股份有限公司首席执行官，

《超越敏捷》（*Beyond Agile*）作者

桑吉夫·奥古斯丁再一次成了组织思维的先锋，他关注的是"为什么"，而不仅是"什么"和"如何做"。这本书提供了一幅实用的路线图，采用一种敏捷的、价值驱动的方法来管理组织的输出。

——马克斯·基勒（Max Keeler）

Motley Fool 公司高级技术专家

我领导敏捷团队已经超过 15 年了。在我学习和传授敏捷方法的过程中，每一步都像是朝着更好的方向迈进，但到底是朝着什么方向迈进呢？这本书非常清晰地诠释了这一切。

——唐·萨金特（Don Sargent）

《高等教育纪事报》（*The Chronicle of Higher Education*）首席技术官

这本书结合了精益敏捷过程和企业管理科学的特点，为企业敏捷创造了一个价值驱动引擎，它适用于任何敏捷 / 规模化框架。管理者和领导者可以从这本书中学到如何将工作重点从项目管理转移到价值交付管理，使价值最大化，以及如何利用现有的组织架构来实现组织期望的工作成果。在此强烈推荐大家阅读这本书。

——蒂布提·贾因（Deepti Jain）

AgileVirgin 公司创始人，敏捷联盟印度敏捷社区发展负责人

前　言

　　敏捷运动的开展已有二十余年，中层管理者的角色仍不明确，传统的项目经理在很多方面被指责为反敏捷。项目经理常被塑造成反面人物，大家认为他们严格遵循"计划"，阻碍了组织敏捷的发展。

　　当人们追捧所谓的管理万能灵药时，在项目管理领域，项目经理正遭受着不必要的排挤。项目经理并不是所有工作的破坏者。实际上，敏捷社区经常错过一些机会，如利用项目经理的独特技能和项目管理办公室（PMO）的优势等。

　　过去 20 年，我们是致力于敏捷核心要义的高管顾问。在许多行业领导者那里，我们都听说过"项目经理正在为他们的生存而奔跑"，我们也看到过数百个项目经理的职位被轻率地取消。我们认为这是一个错误的观念，这种观念会在未来产生许多负面影响。

　　我们都担任过项目经理，我们理解项目经理在敏捷领域所处的困境，也感受到了他们的负担和压力。

　　自 21 世纪初以来，我们就一直致力于帮助 PMO 演进，当时我们中的两个人合写了一篇文章——《精益 – 敏捷 PMO》（*The Lean-Agile PMO*），并就如何将项目层级的敏捷项目交付与项目组合层级的精益思想结合起来提出建议。这些年来，我们已经看到，无论采用何种方法，所有不同层级的成功都与团队对客户价值和客户驱动成果的清晰理解密不可分。

在各种组织中，高管们曾反复告诉我们，他们努力奋斗的目标是满足组织中明确的跨越团队层级的需要。他们有敏捷团队、敏捷举措、领导者，但同时也有很多障碍。他们不能将敏捷举措与客户价值和工作成果真正联系起来。简而言之，他们不能让价值在团队、项目集和项目组合之间有效流动起来。

利用这个令人兴奋的组织结构——价值管理办公室（VMO），项目经理和 PMO 可以在项目管理领域扮演有价值的全新的角色。那些拥有项目经理技能和 PMO 技能的组织，需要打造一支装备精良的 VMO 团队，由其确定可将过程与价值连接起来的最佳方法，以促使价值快速流动，而不仅是为了生存而奔跑。这一点尤为紧迫，因为在疫情防控期间，世界各地的组织广泛接受了远程工作的方式，并且在未来很长一段时间内可能继续开展大规模的远程工作。

没有愿景和路线图，我们是不可能到达任何地方的。我们希望这本书能帮助你实现愿景：项目经理和中层管理者能充分发挥优势，为组织及其成员带来收益。我们为你提供了尽可能多的真实的案例研究和循序渐进的可视化路径。在业务敏捷时代，中层管理者和 VMO 是有价值的领导者。

桑吉夫、罗兰、奥德丽

2021 年春

引 言

斯科特·安布勒（Scott Ambler）

项目管理协会（PMI）规范敏捷事业部副总裁、首席科学家

马克·莱恩斯（Mark Lines）

PMI 规范敏捷事业部副总裁

斯科特：我们得开始写《从 PMO 到 VMO：价值交付管理》的引言了。

马克：是的。我们要怎么写呢？

斯科特：我想把引言写成对话的形式。考虑到现在大家都是远程工作，比
起那些常规的形式，这种形式会让他们更容易理解。

马克：听起来似乎是个噱头。

斯科特：我们需要做的就是讲一个故事，关于动荡的商业环境、新的工作
方式等，这是一个人们会为之努力的故事。

马克：我不确定能否成功，我们试试吧。我们从哪里开始？

斯科特：首先，我们要解答的是为什么人们需要阅读这本书。

马克：因为人们需要演进 PMO，并且现在就需要演进。几位作者的观察是正确的，他们认为 PMO 团队正在挣扎，并且经常在组织内部受到攻击。公平地说，如果 PMO 不能增加价值，不能帮助组织改进，那么这支队伍就该受到攻击。在实践中，我们都见证过，特别是在 IT 领域，PMO 往往是敏捷的障碍，而不是敏捷的通道。另外，我们见过的最有效的敏捷转型通常与 PMO 的演进和积极参与转型有关，PMO 常常会驱动敏捷转型。

斯科特：没错。在某种程度上，它就像"薛定谔的 PMO"，你不知道 PMO 是盟友还是敌人，直到你打开黑盒，才能看到里面是什么。这本书针对 PMO 如何成为一个有价值的组织、如何成为企业内部的战略群体提出了尖锐的观点。PMO 演进成为 VMO，意味着它不再只是成功地交付项目。在敏捷企业中，VMO 的一项重要工作是识别和培养为组织和客户增加价值的人才，他们需要有人指导和监督。这种思维的转变反映了 PMI 和其他行业领导者的最新思想。

马克：是的。我认为这本书改变了人们对 PMO 的看法。

斯科特：正如你所说，这本书确实证实了我们在过去几年的看法，疫情的暴发迫使组织成员重新审视他们的工作方式。我喜欢这本书的一个原因是，它为 PMO 提供了一个清晰的策略，使其能够与组织的其他部门保持一致。本书中描述的 VMO 策略将几个高级主题联系在一起，例如，对确保有效治理的需求，以独特的工作方式指导团队执行一系列工作，当然，是更聪明地工作。

马克：你我都曾说过，诸如 PMO 等职能支持部门通常不会有意成为敏

捷交付团队的障碍。但现实情况是，没人花时间去教他们更现代
化的工作方式。根据我们的经验，在不增加风险的情况下，应用
本书中描述的技术来消除过程浪费，可以使价值交付的过程变得
更简单、更顺畅。应用精益的工作方式总是会给PMO带来快乐。
坦白地说，新方法比旧方法更有趣。我们在过去看到的一个典
型例子是从详尽的商业论证——通常是成本和收益都有问题的复
杂、虚构的"作品"——转移到一页纸的精益商业画布。虽然工
作更少，但通常结果更为准确。

斯科特：这本书的奇妙之处在于，它与PMI的规范敏捷（Disciplined
　　　　Agile，DA）工具包的工作紧密相连。

　马克：没错。DA工具包明确描述了组织如何向客户提供价值，并提供
　　　　了VMO可以使用的更详细的方法。正如这本书提出VMO需要
　　　　以敏捷的方式管理敏捷团队、以传统的方式管理传统团队一样，
　　　　DA也是如此。我们都有类似的经历，也都有相同的观点——我
　　　　们想要分享实践中可行的东西，而不是理论上可行的东西。当
　　　　然，敏捷项目组合管理更多采用持续性的战略和计划方法，而不
　　　　是过去采用的年度计划方法，这是VMO成功的关键。

斯科特：你把我想说的话都说了。我想再次强调，我们必须认识到每个
　　　　团队都是独一无二的，需要以一种适合他们自己的独特的方式
　　　　工作。5个人的项目团队与90个人的项目团队的工作方式不同，
　　　　短期项目团队与长期项目团队的工作方式不同，专注于将新软件
　　　　包集成到基础设施中的团队与专注于直接与客户交互的团队的工
　　　　作方式不同。这些团队需要得到领导层的指导和培养。这本书是

让 PMO 再次成为组织领导者的蓝图。

马克：像聊天一样写引言，效果很好。

斯科特：不过，这是个噱头。

马克：确实。我们应该推荐大家阅读本书，然后按照书里的建议去行动。

斯科特：好主意。你应该读一读这本书，然后按照书中的建议去行动。

斯科特·安布勒和马克·莱恩斯是 DA 工具包的共同创建者，也是以下两本书的合著者，即 *Choose Your WoW! A Disciplined Agile Delivery Handbook for Optimizing Your Way of Working* 和 *An Executive's Guide to Disciplined Agile: Winning the Race to Business Agility*。

目 录

第 1 章

VMO 概述

如果你和我们一样，因新冠肺炎疫情（以下简称疫情）而怀着恐惧的心情来看新闻报道，那么世界卫生组织发表的声明就只是在证实，我们所认识的世界正在被一个多世纪以来最严重的"黑天鹅"事件所影响。

像很多政府一样，大多数组织要通过各个层级来执行内部的规章制度，这样的工作模式使组织减弱了其创新和应对危机的能力，然而当下所有行业的组织都需要迅速适应环境并转型。我们在讨论应对疫情的公开案例时，业务敏捷的案例仍鲜为人知，因为它们没有被登上新闻头条。

大大小小的企业和政府机关都要积极应对这场考验。餐馆变成了迷你杂货店，夫妻店店员开始在路边取货，电影院开始提供免下车观影服务。为了支持这些业务，金融机构在 2020 年 4 月的头两周处理的贷款业务超过了 2019 年全年的贷款业务。美国小企业管理局在 2020 年 4 月至 5 月与这些金融机构合作，处理了时间跨度长达 29 年的贷款，展现了其业务灵活性。所有企业都面临着一个现实，即他们的业务可能再也无法回到疫情暴发前的正常状态了。航空业和旅游业的收入下降了 90%，未来将举步维艰。我们正开始进入商业持续低迷和公共卫生充满不确定性的时代。

甚至在此次危机暴发前，很多公司就面临着前所未有的挑战。如图 1.1 所示，Innosight 公司预测，截至 2027 年，标准普尔 500 指数成分股中 75% 的上市公司将被取代，公司的平均生命周期将从 20 世纪 50 年代的 60 年减少到 12 年。

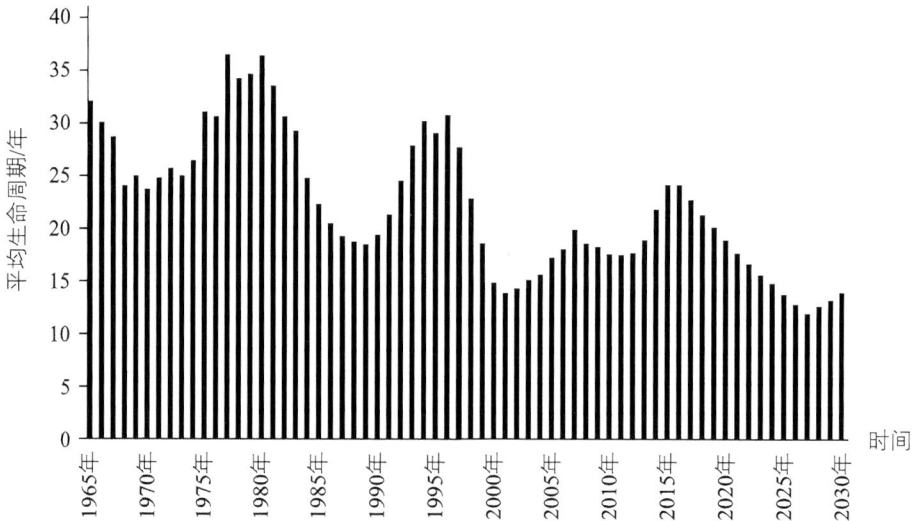

图 1.1　标准普尔 500 指数成分股公司的平均寿命（经 Innosight 公司许可改编）

几十年来，新技术的不断出现打破了行业和市场之间的壁垒，增强了市场竞争，并不断重新定义各种可能性。与此同时，因为客户不断要求更快交付更多的价值，所以满足客户交付的前置时间已经缩短了很多。这种动荡的商业环境可以用 VUCA（V 代表易变性，U 代表不确定性，C 代表复杂性，A 代表模糊性）的概念来解释，它最初是由美国陆军战争学院提出的，用于阐明冷战结束后的世界格局状况。短短几周内，疫情迫使我们所有人快速进入一个超级 VUCA 世界。

在 VUCA 时代，组织生存的唯一方法就是更快地交付成果，这需要在必要时迅速找到解决方案，以满足不断变化的客户需求。在这个动荡的环境中，数字技术正迅速地重新定义产品开发和协作，自动化和全球化问题正颠覆业务的发展。一夜之间，Zoom 成为我们选择的虚拟平台和联系彼此的生命线。现在，居家办公已成为常态，随着工作和家庭生活之间的界限的消失，企业要努力应对员工倦怠和生产效率下降的问题。为了在短期内得以生存且在未来繁荣发展，企业正迅速调整其战略、文化、流程和平台。

动荡的商业环境需要组织有清晰的战略、适应性思维，并能够快速交付和持续改进，所有这些都需要有强大的领导力的支撑。即使我们开始克服疫情带来的困难，但我们清楚，疫情过后，动荡仍将持续。在过去的 20 年里，很多首席信息官和首席执行官已经为业务敏捷建立了基础，他们实施了若干举措，以缩短计划周期、缩小项目规模，并采用敏捷方法来提高上市速度。

敏捷方法的基础

基于团队层级的敏捷方法

基于团队层级的敏捷方法在 2001 年通过《敏捷宣言》正式形成，它包括 Scrum、极限编程（XP）、水晶方法（Crystal）和特性驱动开发（FDD），提供了能够快速迭代和增量交付，同时注重灵活性并关注客户成果的敏捷技术。看板方法在几年后发展起来，它强调价值流和在制品（WIP）管理，以提高速度和产量。下面列出了基于团队层级的敏捷方法所使用的一些基本技术。

小型发布。为了管理复杂性，工作被分解成若干个小的任务，并从客户和最终用户那里获得早期反馈。通常在 1 ～ 3 个月交付。

迭代和增量开发。计划、需求、设计、产品增量和测试是通过多次检验或迭代逐步发展起来的，而不是瀑布式的开发过程。迭代（也被称为冲刺）的时间周期是固定的，每次迭代通常在两周左右，且具有固定的范围，以保持项目的稳定性。

物理或虚拟协作办公。所有团队成员都集中办公，或者使用虚拟协作工具来促进面对面的交流。团队有专门的房间来召开临时会议及开展正式和非正式的小组活动。

产品待办事项列表。产品负责人对产品特性进行优先级排序。优先级排序是由团队协作完成的，团队成员估算工作量，产品负责人在待办事项细化工作会议中决定业务优先级顺序。产品负责人使用产品待办事项列表创建产品发布路线图和发布计划。

冲刺 / 迭代待办事项列表。发布计划中包含对产品的高层级特性的详细阐述。在冲刺或迭代计划中，产品的高层级特性与需要完成的任务一起被详细阐述并进行优先级排序。确定优先级顺序是团队成员在冲刺 / 迭代计划会议中协作完成的。团队成员估算工作量，客户决定业务优先级。

自规范团队。在没有自上而下管理控制的情况下，团队成员通过持续完成待办事项列表中的任务来进行自组织。

工作流和 WIP 管理。敏捷团队将他们的工作流可视化，限制 WIP 数量，并持续识别和解决约束问题，以提高速度和产量。

简单、精益、适应。所有工作流都保持简单、精益（更少浪费），同时适应变化并使客户价值最大化。

规模化敏捷方法

规模化敏捷方法包括规模化敏捷框架（SAFe）、DA、Scrum @Scale、大规模 Scrum（LeSS）、Nexus（规模化 Scrum）、XP，以及大规模看板（Kanban）。这些方法有助于组织协调多个团队处理项目集的工作，也有助于团队将其工作与战略目标和财务投资组合联系起来，从而更好地对工作进行监管、治理，并交付端到端的业务成果。

开发运营（DevOps）实践也越来越多地被应用到基于团队层级的方法和规模化方法中。DevOps 是一种驱动应用和服务快速交付的方法。DevOps 平台为组织提供交付、测量和改进客户成果的能力。

如今，领导者正通过建立敏捷基础，引导他们的公司走出危机、走向未来。领导者通过用敏捷方法建立信任、透明机制和协作关系来演进他们的组织。通过有针对性的端到端沟通，敏捷方法使领导者能够了解客户的真正需求，以便更快地学习并生产出满足客户需求的产品及服务。领导者还将敏捷方法与精益思想、DevOps 和云技术进行整合，以交付业务成果。这就是业务敏捷的本质：通过测量、学习、改进来交付客户所需的业务成果，如图1.2所示。

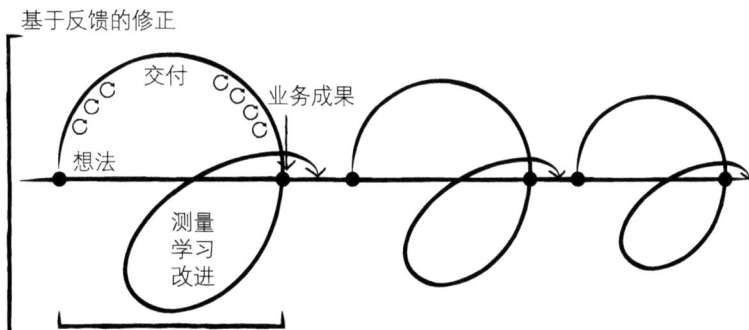

图 1.2　业务敏捷——测量、学习和改进

中层管理者是执行模式的守护者

截至 2020 年，各种规模的组织都朝向敏捷做出了明显的转变。大多数采用敏捷思想的组织都应用了 Scrum、XP、看板和其他基于团队层级的敏捷方法。很多组织还将规模化敏捷方法扩展到了项目集和项目组合层级，如 SAFe、DA、Scrum（LeSS）、Nexus 或 Scrum@Scale。

早在几年前，中国的海尔集团、法国的万喜集团等先锋企业就在推行后官僚制管理。它们打破了官僚主义和自上而下的等级制度，聘用了通过创业网络连接起来的自管理的小型团队。关于海尔的方法，请参阅第 7 章。我们能在业务敏捷方面效仿这些先锋企业吗？也许吧，但成功之路是艰辛的，需要我们有清晰的视野、坚定的目标、足够的勇气来坚持执行一种全新的运营模式。

大多数公司的工作管理、组织系统和政策都没有被恰当地组织起来，使价值在整个组织中流动。在这些传统的组织中，每个单独的过程、组织结构和角色都被设计为支持当前的传统交付方法。这些被过去锁定、僵化、墨守成规的结构扼杀了一个组织取得成功的关键能力——创新和敏捷。这明显是康威定律（即组织的设计系统反映了其沟通结构）的作用，也是我们在当前危机环境下必须克服的问题。

遗憾的是，在我们数十年支持敏捷变革管理的经验中，我们看到中间管理层往往对这种急需开展的变革抵制得最坚决。这些中层管理者是基层员工和制定战略的高层管理者之间的桥梁。这些中层管理者被委托执行战略。他们是对工作投入最多的人，他们努力工作，在传统的组织模式中工作了十几年甚至几十年。随着组织向新的端到端敏捷运营模式过渡，中层管理者的角色需要改变。具体来说，中层管理者需要支持敏捷团队并领导其快速交付价值。通过这样的改变，中层管理者可以自由地支持和领导变革，而不是被限制在阻碍变革的组织结构和角色中。高层管理者明白变革对组织的生存至关重要，他们有勇气和信念，敢于在组织的各个层级实施变革。

作为传统模式的共同守护者，PMO 也迫切需要改造。当代 PMO 起源于 19 世纪的项目办公室，并在 20 世纪获得了广泛的应用，但不幸的是，它仍然保留着工业时代传统模式的残余，坚持过去的做法，如实施严格的自上而下的目标管理，或实施铁三角（范围、时间、成本）管理，即使这样做未能使他们交付客户价值。虽然世界不断向前发展（如季度目标和关键结果，以及从项目模式到产品模式的更新演进），但 PMO 仍然停留在过去。它与过去的失败联系得太紧密了，却没有与敏捷方法联系起来，甚至没有与一般的后官僚制管理联系起来。

PMO 受到攻击

在适应能力和响应能力提升的同时，许多组织开始运用产品思维，这让人们对项目存在的必要性产生怀疑。毕竟，项目是一种内部概念。客户不关心我们的项目、预算，甚至不关心我们对项目的控制，他们最关心的是我们如何通过及时的价值交付来解决他们的问题，如产品特性、产品维修或服务创新。由于对关注点的根本性差异，以及 PMO 与新的业务敏捷模式无关，因此，PMO 受到越来越多的审查，并且面临着在新的敏捷时代证明其存在价值的压力。

对此，我们可以考虑以下几种情况。

- 项目管理作为一种职能，有时会因其缓慢、官僚、成本高昂、效率低而受到攻击。项目管理与瀑布执行模式密切相关。

- 敏捷的工作方式正在迅速抛弃旧的瀑布执行模式，使大多数项目经理和 PMO 的工具和技术变得越来越无关紧要。

- 产品负责人、Scrum Master 和发布火车工程师等新角色开始削弱项目经理的一些传统职能。

- DevOps 和自动化工具开始用于对进度和质量进行可视化，从而减少了对传统报告形式的需求。

- 对成本减少、利润增长的不懈追求，使任何不直接增加价值的职能都成为被精简的潜在目标。

在这些因素的作用下，传统的 PMO 及项目经理越来越易受到攻击，即使在公共部门或受到高度监管的大型私营企业中也是如此。传统的 PMO 与 20 世纪 50 年代流行的管理模式和当下的瀑布执行模式过于紧密地结合在一起，PMO 需要拥抱变革，以满足敏捷组织的需求。

尽管中层管理者普遍被认为是官僚主义的、僵化的，但他们却被认为是变革管理工作的关键领导者。在疫情防控期间，许多灵活的组织成功地应对了这场危机，世界各地的许多组织也都在持续变革的动荡中努力摆脱危机。对于中层管理者，尤其是 PMO 来说，这将是一个难得的机会，可以从一线领导变革、推动价值交付，而不是一直默默无闻地荒废度日。

将 PMO 转变为 VMO

PMO 如何在疫情防控期间发挥领导作用？如何重新调整目标、重新设计运作方式，使其具有更多的价值？如何减少官僚作风，打造以客户为中心、更适合敏捷的产品管理方式？我们认为，要实现这些目标，需要 PMO 迅速发展为 VMO。这种转变对大多数组织来说是一个巨大的改变，它们必须建立一个正式的组织结构来指导 PMO 向 VMO 转变。

如图 1.3 所示，VMO 由一个小型、跨职能、跨层级的团队组成，该团队的关键代表负责整个组织内的协同工作。

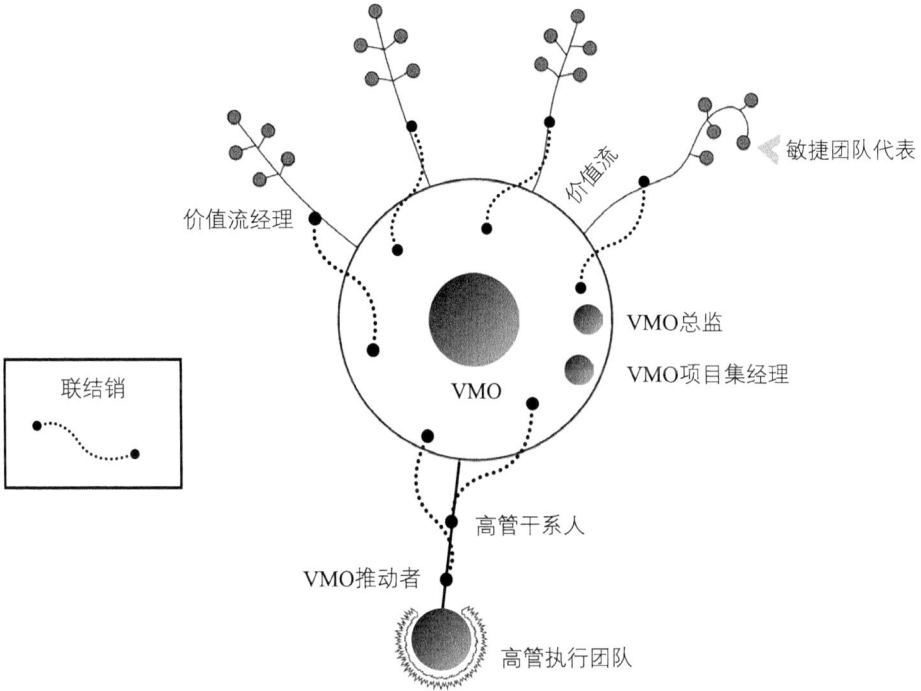

图 1.3　VMO——端到端、跨层级的驱动业务敏捷的团队

VMO 成员的"联结销"作用贯穿组织筒仓和层级之间，他们在 VMO 及其自身组织单元中承担不同角色，确保 VMO 与这些组织单元之间紧密联结。VMO 的关键角色是 VMO 总监、VMO 项目集经理和 VMO 推动者。VMO 还包括高管执行团队、高管干系人、价值流经理及跨价值流和跨团队的敏捷团队代表。在第 9 章中，我们将详细阐述如何在组织中建立这种结构。

若要实现真正的端到端业务敏捷，组织需要将原有的组织结构转变为全新的 VMO 结构，需要对从业务战略到运营的整个价值流的过程和结构加以有条不紊地重组。

在战略层面上，VMO 有推动组织变革的责任。在日常运营中，VMO 有责任与价值流经理协作，帮助其管理动态项目组合工作。VMO 的职能与职责如表 1.1 所示。

表 1.1　VMO 的职能与职责

VMO 的职能	职责
定义敏捷过程	• 建立高度规范化的指标，将其作为所有敏捷过程的驱动目标 • 采用校准方法来定义敏捷过程 • 定义支持和驱动动态转型的度量指标 • 将开发过程控制作为过程的自然输出
围绕价值流进行组织	• 使组织成为适应性团队网络 • 通过客户旅程来定义灵活的价值流 • 将 VMO 创建为"团队中的团队" • 按照价值流为经验一致的团队提供资金
执行适应性计划	• 遵循价值，而不是遵循计划 • 执行小批量的计划、交付和测量 • 测量业务成果，而不是阶段性输出 • 感知并响应业务状况 • 在多个层级执行适应性计划 • 实施战略计划 • 实施项目组合计划 • 实施产品和发布计划 • 实施冲刺 / 迭代计划和每日计划

（续表）

VMO 的职能	职责
跟踪和监督项目集价值流	• 了解可视化管理系统 • 用可视化管理系统跟踪和监督项目集价值流 • 测量和改进价值流 • 驱动持续学习和适应
进行优先级排序并选择最小可售产品（MMP）	• 从制订项目计划转变为制订 MMP 交付计划 • 为最大化财务影响而选择 MMP • 使用加权最短工作优先（WSJF）的方法进行优先级排序，并选择最有影响力的选项 • 交付 MMP 并从中学习
演进资金和治理策略	• 保持灵活的资金模式 • 为价值流提供固定资金 • 更频繁地制定战略，每年一次还不够 • 在特性层级变现 • 为稳定的敏捷团队设计一种固定的成本模式 • 将业务成果作为关键治理控制的对象 • 使用精益商业论证 • 要求频繁交付，并测量增量业务成果 • 考虑需求的货币时间价值
管理组织变革	• 认识到变革非常困难 • 设计和建立一套变革管理系统 • 对 VMO 进行定位，以驱动变革

我们将在本书的后续章节详细介绍这些内容，并在第 9 章中对其进行总结。作为一个应用示例，图 1.4 展示了 DA 的项目集生命周期是如何实现的。VMO 可以帮助使用 DA 的敏捷团队定义他们的工作方式和过程，帮助他们优化工作流、监督和治理项目集，并支持项目集的协调工作。

在以下章节中，我们将学习如何建立 VMO，并探索 VMO 工作的所有基本层面。

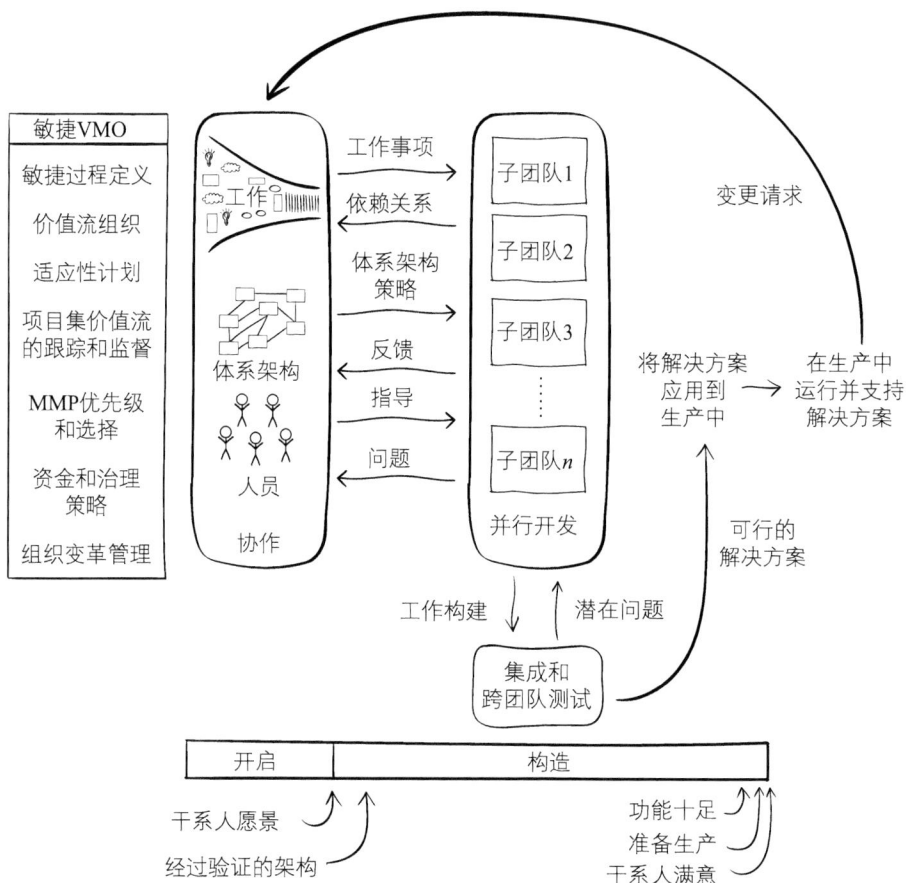

图 1.4　VMO 和使用 DA 的"团队中的团队"（经 PMI 许可改编）

- 在第 2 章中，了解如何在组织中定义敏捷过程。

- 在第 3 章中，探讨如何围绕价值流进行重新配置和组织。

- 在第 4 章中，学习在所有组织层级实施适应性计划。

- 在第 5 章中，探讨如何使用可视化管理系统和其他关键技术来跟踪及监督项目集价值流。

- 在第 6 章中，通过对 MMP 进行选择和优先级排序，将项目和产品分解为较小的增量单元。

- 在第 7 章中，通过制定资金和治理策略，将这些概念延伸到业务层面。
- 在第 8 章中，制定管理组织变革的方法。
- 在第 9 章中，制订一个详细的计划来建立自己的 VMO。

要了解如何通过实施 VMO 来实现业务成果，请参阅全美互惠保险公司的案例研究。

案例研究：全美互惠保险公司的 VMO 实现过程

如何在领先的组织中实现 VMO 呢？全美互惠保险公司是《财富》100 强公司，多年来赢得了许多赞誉。自 2007 年以来，该公司一直在实施精益和敏捷方法。截至 2019 年年初，该公司拥有 230 多个敏捷团队，其中大部分来自信息技术（IT）部门。

在 2019 年敏捷行业会议上，全美互惠保险公司副总裁查尔斯·肯尼迪（Charles Kennedy）介绍了以下案例。

全美互惠保险公司的企业数字化团队承担了一项 VMO 职责，取得了非凡的成果：从每月发布 1 次到每月发布 50 次，业务端速度提高了 67%，端到端周期时间缩短了 30%，同时成本降低了 15%。

全美互惠保险公司采用了"Scrummerfall"方法，如图 1.5 所示。这种反模式在整个行业都很普遍，因为大多数敏捷方法的采用都源于对 IT 的需求，并由首席信息官推动。

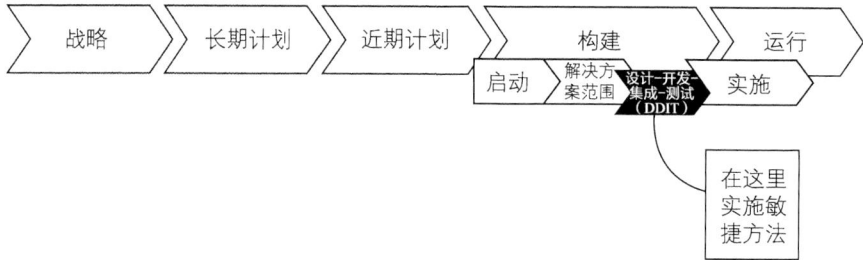

图 1.5　典型的反模式——"敏捷只在 IT 中"

全美互惠保险公司在漫长的线性计划周期中逐步将工作交给了敏捷团队，但已经完成的工作在瀑布式工作模式中停滞不前。全美互惠保险公司的高可视性数字化销售渠道，如面向客户的网站、移动应用程序，需要一种响应能力更强的模式。

2016 年年末，全美互惠保险公司的企业数字化团队开始进行业务转型，以进一步提高产品上市速度，并且增加其在竞争激烈的数字销售渠道环境中的灵活性。全美互惠保险公司的 VMO 转型有以下三个关键要素。

- 围绕价值流重新调整组织结构，并且在价值流、吞吐量和客户成果方面组建端到端团队。
- 使用大房间计划（Big Room Planning）推动跨组织筒仓的协作，以最大限度地减少筒仓及其依赖关系的影响。
- 确定 MMP 的优先级，以最快的速度和最少的浪费为客户提供价值。

据肯尼迪介绍，公司跨业务数字团队通过与 IT 部门合作、与终端业务单元和客户合作，成功试点了基于 VMO 的端到端模式。这种模式被有组织地传播到了整个公司内的其他团队。

本章小结

敏捷方法为组织的成长和演进提供了坚实的基础。通过了解客户的真正需求、不断学习和快速生产具有创新性并能满足客户所需的产品和服务，组织可以提高其业务敏捷性。

随着传统组织向端到端敏捷运营模式过渡，中层管理者的角色需要转变，不仅要接受变革，而且要鼓励变革。PMO 需要重新设计它的运作模式，使其更有价值、更少官僚主义、更多以客户为中心、更符合敏捷产品管理和其他现代化工作方式的要求。PMO 必须向价值管理方向转变，快速演变为 VMO。

若要实现真正的端到端业务敏捷，需要组织从现有的团队结构过渡到 VMO "团队中的团队" 结构，并沿着组织的整个价值流对过程和结构进行有条不紊的重组。

尝试：大房间计划

要开始探索 VMO "团队中的团队" 模式，请尝试一种流行的组织计划技术，即大房间计划。这种技术是一种敏捷实践，可以帮助多个团队在业务目标和产品发布上保持一致。它的基本概念是让所有相关人员聚集在一个大房间里共同制订计划，如图 1.6 所示。虽然通常每季度举办一次大房间计划活动，但在快速变化的环境中，也可以采用更紧凑的节奏，如每月举办一次。请参阅第 4 章，了解如何准备和举办一个面对面或远程的为期两天的大房间计划活动。

图 1.6　大房间计划活动中的跨筒仓协作

第 2 章

定义敏捷过程

通常在采用敏捷方法的早期阶段，敏捷团队更容易取得成功，因为他们不必遵守许多烦琐且令人窒息的规则。事实上，在很多组织中，采用新模式的试点团队都取得了成功，包括 Capital One、PayPal、Salesforce、Spotify、耐克、美国运通公司、国家地理学会、美国国会图书馆和美国国土安全部。然而，如果我们想将敏捷方法制度化，那么需要 VMO 做的一项关键工作就是帮助组织开发企业级敏捷过程和实践，这些过程和实践不仅能够支持敏捷交付，而且可以使它们得到明确的定义并具有可重复性。

在某种层面上来说，许多上市公司、受到高度监管的组织或者政府机构，都需要有明确的、可重复的、可审计的过程，以及相应的证据。可悲的是，在绝大多数情况下，很多组织仍按照传统的瀑布式方法执行。即使在 2020 年，这些组织仍然保留着工业时代管理的痕迹。因此，许多组织建立了 PMO 或卓越中心，以推动过程标准化和卓越化。过去，这些组织定义了传统的线性过程，但是现在这些过程可能过于缓慢、过于烦琐、成本过高，以至于无法保持竞争力。

这些组织中的许多人现在正试图全面地过渡到敏捷交付模式。有些组织在团队层面实践某种形式的敏捷开发已经有一段时间了。敏捷工作通常在团队层面上非常成功。当你把团队从繁重的、官僚主义的桎梏中解脱出来，让他们以一种非常规的方式工作时，他们能更快地完成任务。这种成功开始引起人们的注意。一些高管可能会说："我们应该这样工作！"基层团队的成功带来了人们对规模化敏捷的期望，即用敏捷的方式完成更多的工作。

当敏捷方法深入整个组织时，我们需要意识到它的负面作用。即使团队已经取得了进步，但对于常见的敏捷方法的应用仍然参差不齐，缺乏内部标准，过程相对模糊和随意，过程工件或可交付物相对混乱，以及控制和度量指标不明确。在整个团队中，这样的实践很快会产生大量的冗余、浪费和错误的成果。随着敏捷过程在组织内的发展，团队继续低调行事的可能性越来越小。随着使用敏捷方法的大型、受监管和审计的公司越来越多，它们必须接受可重复、可审计、可控制、可治理和可跟踪的重大变化。你是否发现了潜在的问题？

寻求实践现代化交付方法的组织需要既敏捷又合规，然而，同时实现这两方面却要求组织对现有的过程和控制进行重大变革。变革的挑战在于如何设计出既能确保可重复性和可审计性，又不会抑制组织所追求的敏捷性、灵活性的过程。这在精益圈中被称为六西格玛悖论，即 VMO 的挑战是通过在组织中引入必要的灵活性和冗余来最小化不必要的过程变异和冗余。也就是说，我们必须在项目集和企业层级创建标准化的过程和控制，以刺激团队层级的非标准化试验、风险承担和创新。

为了成功实现规模化敏捷的目标，VMO 需要通过以下几种方式来规范敏捷：

- 定义敏捷过程，真正允许甚至强制团队尽早且频繁地向组织交付价值，而不是阻碍交付；

- 将用于测量项目效果的度量指标和报告从传统的瀑布型过程输出度量指标转向业务成果度量指标；

- 将用于管理项目的控制方式从基于阶段和书面工件改为基于敏捷方法的控制方式；

- 通过将试验作为过程的预期组成部分，为实现预期结果创造灵活性；

- 最大限度地减少敏捷过程中非自然输出的低价值、高负荷的文档或工件。

将高度规范作为所有敏捷过程的驱动目标

对没有经验的人来说，敏捷方法可能看起来像一种非结构化、不规范的交付方法。这是一种错误的认知，代表人们对敏捷方法缺乏清晰的理解。敏捷方法的核心是基于精益制造和图 2.1 所示的丰田生产系统。丰田生产系统是丰田取得巨大成功的基础。丰田能实现所有组织期望的业务成果如下：

- 大规模地产出高质量的产品；

- 较高的客户满意度；

- 较低的内部成本；

- 持续的高盈利水平。

这种持续的盈利能力和稳定的质量水平是丰田成为世界上被研究得最多的公司之一的重要原因。丰田的模式说明，精益思想、连续流和零缺陷心态可以成为几乎任何业务中过程改进的基础。

图 2.1　丰田汽车工厂采用精益思想和连续流模式

精益生产是一种非常成功、经过良好测试、可规模化、可靠的工业工程方法。精益生产不是捷径，如果没有严格的工业级规模的过程规范，它是无法实现的。精益的过程产物，包括敏捷产品开发，也同样有规范。所有的敏捷方法都强调规范原则。在团队层面，Scrum 和看板支持过程规范，就像 XP 支持工程规范一样。稍后讨论的其他规模化方法，如 LeSS、DA 和 SAFe，也都明确要求精益过程规范。

但在许多组织中，由于缺乏知识、经验和明确的预期，敏捷团队有时会在没有预期规范的情况下工作。在许多领导者看来，敏捷团队缺乏规范。在某些情况下，也许确实如此。但良好的组织不应该是这样的，如果没有一定程度的规范，敏捷团队很难扩大规模。真正让人难过的是听到敏捷团队成员说："我们是敏捷的，我们不需要估算、计划和文档。"这说明这位成员明显缺乏对敏捷的理解，令人担忧的是，我们会在这种错误想法的指导下制定数百万美元的产品开发预算。事实上，应用敏捷方法不但需要制订计划，而且需要制订很多计划，我们将在第 4 章中对此进行更详细的讨论。

优秀的敏捷团队都具有高度的规范性，如每两周交付一次可运行的、经过测试的软件。如果没有规范，团队几乎不可能如此快速地交付高质量的软件。我们见过的具有高度规范性的团队都是高效的敏捷团队。规范性较差的团队正是那些难以成功履行承诺的团队，这并不罕见。所有敏捷团队都需要采取校准的方法来定义他们的敏捷过程。

采用校准的方法来定义敏捷过程

虽然敏捷本身不是一个单一的过程，但许多过程都被认为是敏捷的。《敏捷宣言》包含 4 个价值观和 12 条原则，描述了良好的敏捷开发的特征。敏捷开发的原则如下：

- 通过早期交付和持续交付有价值的软件来提升客户满意度；
- 欢迎不断变化的需求，即使在开发后期也是如此；
- 频繁地交付可工作的软件（数周而非数月）；
- 业务人员和开发人员之间密切开展日常合作；
- 可工作的软件是衡量进展的主要标准；
- 持续关注卓越的技术和良好的设计。

重申一下，虽然敏捷本身不是一个单一的过程，但许多过程都是敏捷的，如图 2.2 所示。所有的敏捷方法——比如团队层级的 Scrum、XP、看板，项目集或项目组合层级的 Scrum@Scale 和 DA——都应该被高度规范和良好执行。

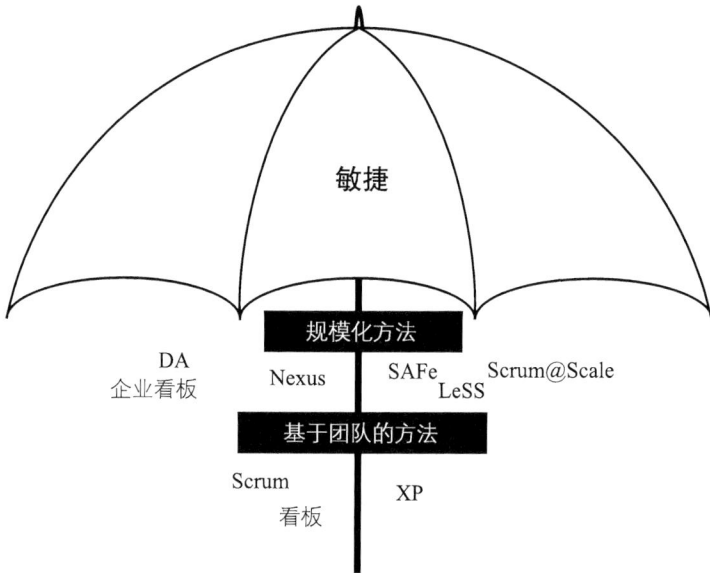

图 2.2　敏捷伞

校准方法的第一步是制定一幅基本的过程路线图。

制定一幅基本的过程路线图

我们不会期望一个初出茅庐的音乐人演奏高难度的音乐。然而，我们却期望刚刚接触敏捷的团队拥有完美的业务目标、完美的需求、完美的估算、完美的计划、完美的技术实践、完美的沟通和完美的交付。我们期望所有这一切从一开始就都能快速完成，但这完全是不切实际的。

VMO 变革战略的一部分是制定一幅基本的敏捷过程路线图，包括高层级的目标和可实现的时间线，如图 2.3 所示。例如，我们可能有一个目标，项目运行六个月后，所有的团队都在实践 Scrum 的所有基础事项和工件，并且要做一个基本的自动化冒烟测试。然后，VMO 可以添加度量指标来查看组织在实现这一目标方面所处的位置。

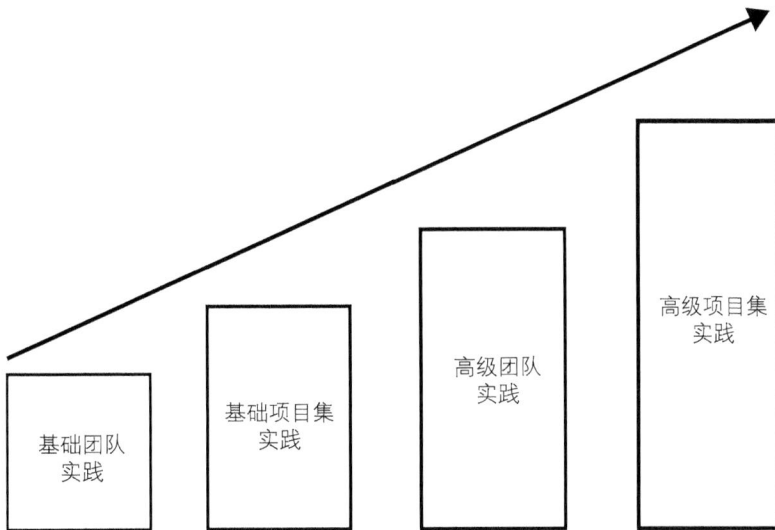

图 2.3　校准的敏捷过程路线图

六个月后，也许我们已经准备好接受有效的跨团队计划和跨团队整合的组织目标。另一个常见的管理问题是过早地测试，使团队承担太多高优先级事项。我们可能会计划在成功创建"跨团队"之后实施新的度量指标。通过这种方式，组织可以使用度量指标来支持和驱动变革策略。此外，我们正在向团队明确当前的目标和过程预期。

从 Scrum 或看板开始

俗话说，千里之行始于足下。敏捷之旅的第一步是建立一个基础过程，通常是 Scrum 或看板，有时是两者的混合体——Scrum 板（ScrumBan）。

Scrum 是一个定义明确的新产品开发过程。这些实践可以很容易地形成单个团队甚至组织的标准敏捷交付过程的基础。我们之所以强调 Scrum，是因为它是迄今为止最受欢迎的敏捷交付过程，而且它有一套相当好理解和易被接受的实践。通常在 Scrum 实践过程中，每个团队都应该完成五个事项，以及至少四个核心工件，它们是该过程的自然输出。图 2.4 和表 2.1、表 2.2 概述了常用的 Scrum 要素。

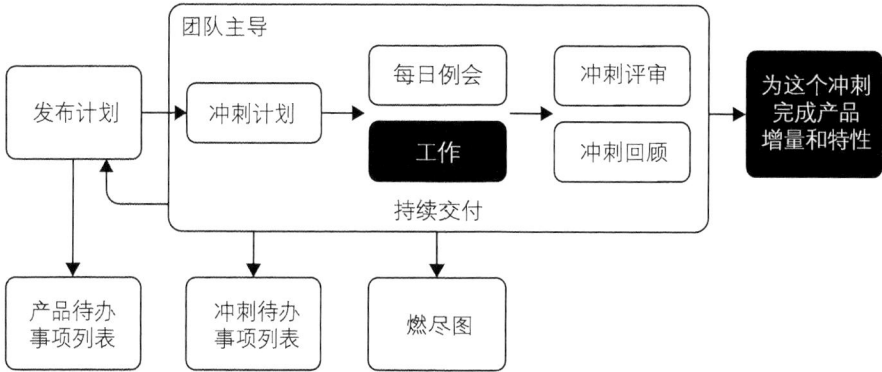

图 2.4　基本的 Scrum 过程

表 2.1　Scrum 事项

Scrum 事项	描述
发布计划	在一个时间盒的计划会议上回答三个关键问题： 下一个发布的目标是什么，发布什么功能，以及什么时候发布
冲刺计划	在一个简短的计划会议上回答两个关键问题： 在即将到来的冲刺中可以实现什么，以及如何实现
冲刺	一个月或更短的时间盒，在此期间创建可用的和潜在可发布的产品增量
每日例会	每天 15 分钟，也称为每日站会，让团队同步工作进展，并为接下来的 24 小时制订工作计划
冲刺评审	在冲刺结束时举行，检查产品增量，并且在需要时调整产品待办事项列表
冲刺回顾	发生在冲刺评审之后，指出冲刺期间哪些工作进展顺利、哪些工作可以改进，以及团队应在下一个冲刺中改进哪些工作

表 2.2　Scrum 工件

Scrum 工件	描述
产品待办事项列表	产品所需的所有待办事项的有序列表，它是需求的唯一来源
冲刺待办事项列表	为冲刺所选择的产品待办事项的集合。它呈现了团队为实现冲刺目标所需的所有工作。待办事项列表可以让团队成员在每日例会中了解每天的进展情况
燃尽图	显示冲刺中仍有待完成的故事或点数的数量
产品增量	一组可检查的工作。产品增量必须是客户可以使用的。Scrum 的核心在于交付已完成的增量

Scrum 试图建立一个滚动式的计划周期，我们先计划几周的工作，执行并交付这些工作，然后再计划接下来几周的工作。然而，在许多领域，即使计划两周的工作也几乎是不现实的。一个典型的例子就是运营支持。在该领域，制订计划可能非常困难，因为我们不知道明天会发生什么、影响有多大，或者解决方案有多复杂。支持通常是一个非常被动的职能。那么，作为领导者，我们面临的问题是如何管理不可计划的工作。

另一种在运营工作中非常流行的敏捷方法是看板。看板对运营工作和大多数非新产品开发工作来说，是一种好的选择。运用看板，我们甚至两周都不会锁定范围。相反，我们会不断地重新确定工作优先级。我们的产品负责人每天甚至每小时设定一次优先级，团队只是从列表中抽出最高优先级事项，然后完成它。我们还设置了 WIP 限制，以防止团队同时处理过多的事项。通过一次只关注几个最高优先级事项，团队可以实现对最新变化的优先级非常敏感的持续交付流。这并不意味着看板不能用于可计划的工作。Scrum 经过一些修改，也可以用于管理不可计划的工作。总体来说，Scrum 被频繁地用于可计划的工作，而看板则被频繁地用于不可计划的工作。看板方法看似简单，但要规范地把它用好实际上相当困难。

声称正在使用 Scrum 的团队应该能够在每个冲刺中展示事项和工件的证据。VMO 可以通过设定目标来帮助组织实现一致性和可重复性，目标是所有 Scrum 团队可以在 Scrum 过程中非常容易地实现预期成果。看板团队应该有一个明确的优先级安排，并遵守 WIP 限制规则。看板团队还应该有工作流的度量指标和交付类别，并且能够展示一个持续的交付流。

这个简单的过程控制列表可以帮助敏捷交付团队制定规范。这些简单的规则为强大的过程规范奠定了基础，为组织的敏捷性奠定了基础，并最大限度地减少了非敏捷性的支出。与此同时，我们需要移除对敏捷性没有贡献的传统的过程控制，举例如下。

- 将大多数瀑布式阶段关口和评审，如设计评审、架构评审和安全评审，改为更频繁的、迭代式的评审。
- 采用轻量级的方式，频繁地部署只需少量文书的工作。

Scrum 和看板是所有规模化敏捷方法的组成部分，也是所有企业敏捷转型的基础。

采取一种聚焦且极简的规模化方法

当所有团队都使用相对简单但强大的 Scrum 或看板规范时，我们可以将其扩展到多个团队，以支持规模更大、更复杂的工作。当我们扩展规模时，我们将许多团队的工作合并为一个单一的、更大的项目集。在这种情况下，每个团队使用的估算、计划和方法必须以某种方式与其他团队进行很好的整合。除了团队层级的目标和计划之外，每个团队还需要有项目集或产品层级的目标、计划、估算和进度。

更大的敏捷项目集需要另一个层级的事项和工件，这些事项和工件整合了各个团队的工作。这将增加另一个层级的估算、计划和报告。虽然要避免这种情况不是不可能，但确实很难。幸运的是，规模化方法，包括 SAFe 和 DA，可以用来处理团队层级和项目集层级的计划及管理。可用的几种规模化方法有许多共同的要素，如图 2.5 所示。

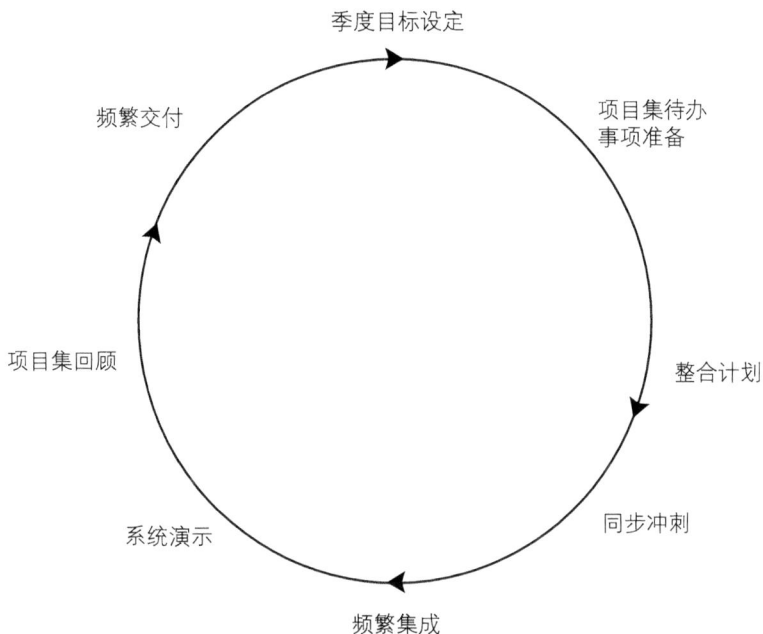

图 2.5　规模化敏捷的共同要素

尽管这几种规模化方法有共性，但每种规模化方法在某种程度上对大规模的计划、交付、集成和报告来说都是独特的。无论我们选择哪种规模化方法，VMO 都有助于为规模化敏捷实践定义清晰的项目集层级的过程目标，例如：

- 多团队的计划活动；

- 频繁的、多团队的集成和演示；

- 频繁的、多团队的"Scrum of Scrums"；

- 定期的项目集回顾；

- 需求与产能计划；

- 基于加权最短工作优先的工作事项的优先级排序；

- 近期内可实现的清晰、可度量的业务目标；

- 可视化的工作管理系统，即项目集看板；

- 在接下来的几个冲刺中，为每个团队制订包含用户故事或特性的计划；

- 按特性发布燃起图 / 燃尽图；

- 项目集层级的冲刺速度。

无论我们选择哪种规模化方法，以下建议都适用：如果我们希望我们的团队做好 SAFe 或 DA，那么我们应该设定明确的目标，不要让他们把时间花在不必要的工作上。做到这一点并不难，只要执行你选择的敏捷过程，尽量做好，并尽量减少花在其他事情上的时间即可。

定义支持和驱动动态转型的度量指标

VMO 关注的另一个关键领域是度量指标。度量指标在驱动人的行为方面起着重要作用。因此，合理选择度量指标对于敏捷转型至关重要，它可以使我们朝着正确的方向前进。度量指标将重点放在过程、成果及最终的行为上。如果选择正确，度量指标将会加速敏捷过程；如果选择不当，度量指标将强制我们执行错误的过程，由此带来错误的行为和错误的成果。许多组织都犯过一个典型的错误，即试图在改变过程的同时保持与从前相同的度量指标，希望新的过程能改进旧的度量指标。这样做大概率会失败。你可能听说过这句名言："只有可测量，才能被管理。"如果你测量的东西不对，你就无法对其进行管理。我们稍后将更详细地讨论一些适用于敏捷项目集的度量指标。

度量指标不应是静态的。我们希望敏捷转型初期的目标和挑战与两年后的目标和挑战不同。

例如，在敏捷之旅早期，我们经常会遇到这样的问题——如何让团队执行良好的敏捷实践并帮助他们更好地管理进展中的工作。在我们能够控制这些基本问题之前，很难将敏捷规模化。后来，随着敏捷规模的扩大，挑战可能会转移到那些与可靠的集成、充分的系统测试、依赖关系管理和业务成果测量相关的挑战上。也许我们在平衡质量和可靠性方面遇到了技术问题，因此，我们可能会关注 DevOps 技术实践，这样的实践可能会驱动另一套度量指标。关键是，我们的目标和挑战会随着时间的推移而改变，那么我们跟踪的关键度量指标也应该改变。

平衡业务和 IT 度量指标

VMO 领导者应该同时衡量业务和交付度量指标。但通常来说，他们过于关注进度和成本估算、交付指标和合规指标，而对商业价值指标的关注不够（见图 2.6）。许多大型、昂贵的项目集有很多交付度量指标，却没有业务成果度量指标。即使我们有对特性使用率、客户满意度、项目盈利能力、客户留存率和特性层级的投资回报率的测量，也是很少的。忽视这些业务成果度量指标

会导致投资和投资绩效管理出现问题，进而阻碍业务敏捷的发展。我们将在第
7 章中更详细地讨论这个主题，但现在，我们需要像关注交付度量指标一样关
注业务成果度量指标。

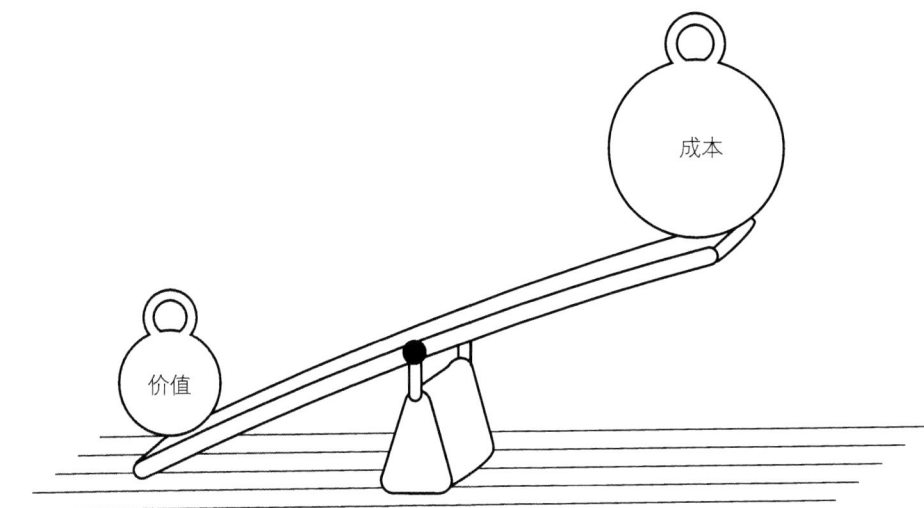

图 2.6　平衡价值和成本

不幸的是，业务成果度量指标是滞后指标，因为我们在交付之后才能对其
进行测量。在传统的瀑布式项目中，这种反馈来得太迟，无法发挥作用，因为
当我们得到反馈时，项目已经结束了。然而，VMO 应该通过一种方式来解决
敏捷项目中的滞后指标问题，那就是尽早交付、频繁交付，并反复测量业务
成果。

使用敏捷方法，我们应该能够尽早向客户交付有价值的东西，并开始获
得快速且有用的反馈，如图 2.7 所示。我们一遍又一遍地这样做，并利用这
些反馈让产品的每一次增量发布都变得越来越好。这意味着产品的可用性增
加、功能被简化和增强、业务成果得到改善。许多组织采用了一种错误的敏
捷方法，即不要求频繁地将项目集交付到生产环境中。这些组织经历了许多

开发冲刺，并试图在接近尾声时保持一个单独的版本。这基本还是瀑布式开发。

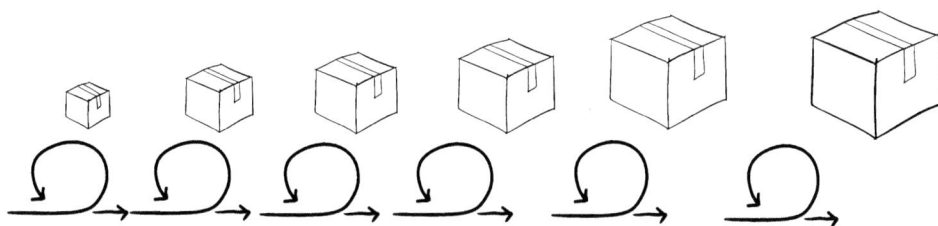

图 2.7　增量交付

敏捷是一个基于反馈的系统，最可靠的反馈来自真实的用户，而不是声称代表客户发言的内部人员。为了实现敏捷成果，你需要尽早交付并获得反馈，VMO 应该通过治理和控制来实现敏捷成果。在这方面，实际交付度量指标是至关重要的。VMO 应该确定交付第一个版本需要多长时间及发布的频率。如果没有发布这个环节，那么我们根本就没有在实施敏捷。

这应该在很大程度上解决了滞后指标的问题。也就是说，在较短的开发周期中，有一些领先指标可以测量，这些指标可能对预测提前交付和质量有价值。

经典的冲刺燃尽图和发布燃尽图是根据范围和进度来显示基本进展的重要指标（见图 2.8）。燃尽图显示剩下的工作，而燃起图则显示已经完成的工作。冲刺燃尽图给出了短期进度绩效的指示，发布燃起图则给出了长期进度绩效的指示。虽然它们看起来都很简单，但遗憾的是，许多敏捷团队却忽视了它们。

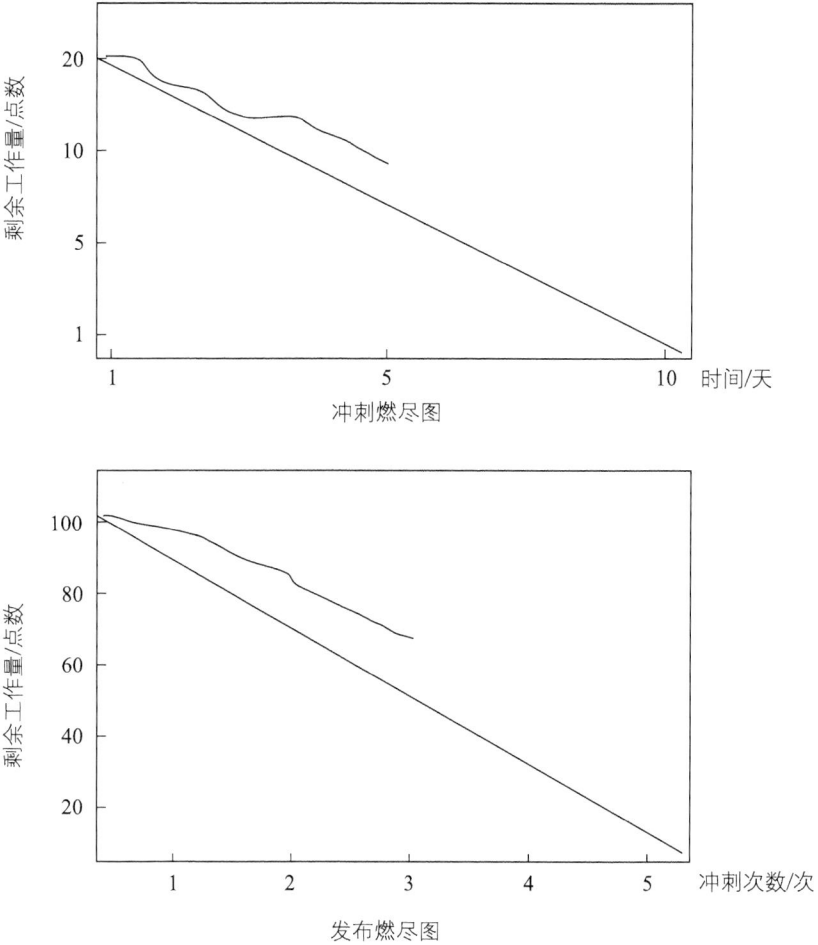

图 2.8　冲刺燃尽图和发布燃尽图

冲刺速度是另一个简单且强大的度量指标，它可以展示团队交付的可预测性。通过在一次又一次的冲刺中对计划交付与实际交付加以比较，团队可以估算他们可以完成的工作与实际完成的工作，如图 2.9 所示。理想情况下，我们希望我们的团队最终能够很好地计划他们的工作。然而，许多组织的现实情况是，有时团队完成了很多工作，有时却没有完成任何工作。

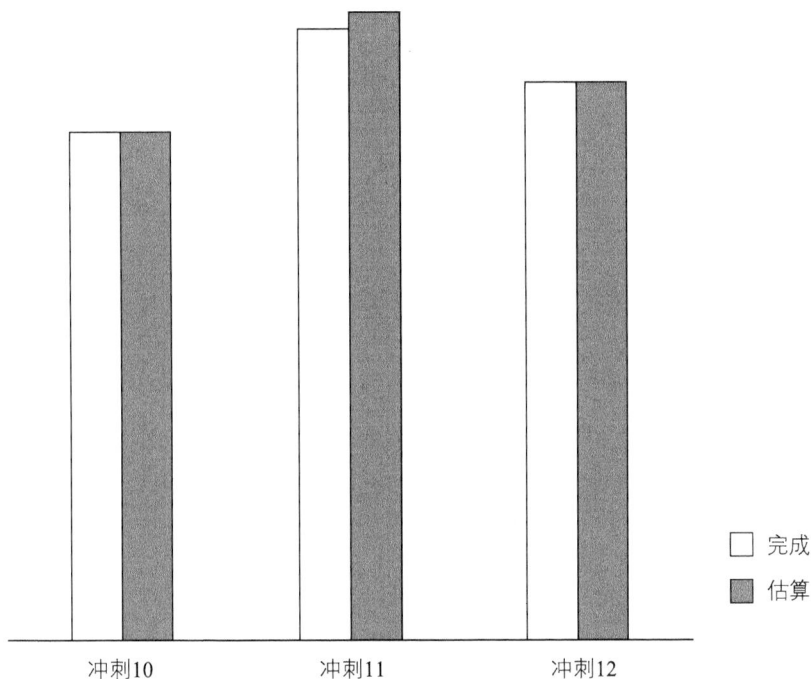

图 2.9 冲刺中估算与完成的对比

当团队的交付具有高度不可预测性时，就有可能出现问题。当团队不能比较准确地预测他们的速度时，则很难按计划交付日期交付。通常情况下，这些问题的产生并不是团队的错。一个团队不能完成计划并不意味着这个团队表现不佳，可能是由多种原因造成的，比如环境问题、数据问题、网络问题，优先级不断变化、团队成员被拉去做其他工作或被要求同时兼顾几种不同的工作，以及其他超出他们控制范围的事情。敏捷方法对发现阻碍我们交付的所有问题是非常有效的。

在跨团队的度量指标中寻找模式

每个团队及其 Scrum Master 和产品负责人需要审查自己的数据，并制订持续改进计划。然而，VMO 应该从团队的度量指标着手，尝试发现影响多个团队的组织模式。如果有一些团队在苦苦挣扎，那么这些团队可能需要被关注。根据经验，我们通常会看到，大多数团队都在努力交付。如果许多团队无法履行承诺，遇到了严重的问题，或者无法预测交付时间，那么问题可能不在团队本身。当许多团队都遇到挑战时，说明在每个团队的控制范围之外有更大的组织问题存在。我们基本上可以认为，领导层和管理层的问题没有得到充分解决。

不幸的是，在许多项目型组织中，单个团队对其他团队的项目问题并不了解。所以，通常没有人清楚地知道项目之间如何相互作用。VMO 应该使用来自团队的数据，发现需要更高层级的领导才能解决的问题，可能是环境问题、数据库问题、工具问题、产能问题或任何单个团队都无法解决的其他问题。这是 VMO 可以提供巨大价值的一个领域：解决使整个组织无法交付的系统性问题。

保持度量指标简单且数量少

表 2.3 提供了一些度量指标的示例，有些组织使用这些指标来测量团队、项目集和业务层级的敏捷性。这些指标可能适用于处于敏捷成熟度早期的组织，成熟度更高的组织可能已经准备好转向下一级别的绩效度量指标。请注意，这只是一个示例，VMO 应该投入大量的精力开发少量且有影响力的度量指标，这些指标将推动你的组织在特定时间展现特定的行动和成熟度。

表 2.3　按领域划分的度量指标示例

度量指标领域	度量指标示例
业务度量指标	每次发布或每个季度对比预期性业务成果指标与实际业务成果指标。 这些是最重要的度量指标，往往也是组织最缺乏的指标。示例如下： • 求助电话减少； • 客户调查满意度提高； • 客户留存率提升； • 应用程序使用量增长
项目集度量指标	• 集成和系统演示的数量。只有尽早且频繁地进行集成，并对整个系统进行演示，才能真正了解我们在进度和质量方面的实力。所有其他中间度量指标只能用来猜测 • 特性层级进展。即将发布的特性通常会被分解为几个较低级别的用户故事，跟踪特性的实际交付量与计划交付量是有利的 • 发布燃起图。通过查看燃起图，我们可以估算在计划发布日期之前，需要完成多少工作。这表明了相对于发布计划，实际发布的完成情况
团队度量指标	• 用计划点数对比冲刺交付点数，以评估可预测性 • 用冲刺燃尽图评估短期进度绩效 • 用发布燃起图评估长期进度绩效 • 通过工作事项类型来测量团队有多少时间用于新价值交付与缺陷修复或维护

将开发过程控制作为过程的自然输出

要想拥有一个可审计的过程，我们就要有一个明确的过程和明确的证据。有一个重要的推论，建议 VMO 充分理解：任何不属于敏捷过程的活动都将占用敏捷过程实际执行的时间。如果你想让团队做好 Scrum，那么就不要让他们花大量的时间去做那些与 Scrum 无关的事情。

例如，优秀的敏捷团队通常会开发大型可视化信息发射源，让所有人都很容易看到计划、状态、目标和优先级，如图 2.10 所示。拍摄一张团队的照片，定期将其发布到内部 Wiki 平台上，不必创建耗时且耗费精力的文档，因为这些文档可能很少有人会去阅读。2020 年，我们大多数人居家办公，并使用数字板工具，如 Jira。这使过程遵循更加容易，因为所有的工件和报告都可以使用工具来完成。诸如此类简单的过程控制是规范执行敏捷过程的结果。

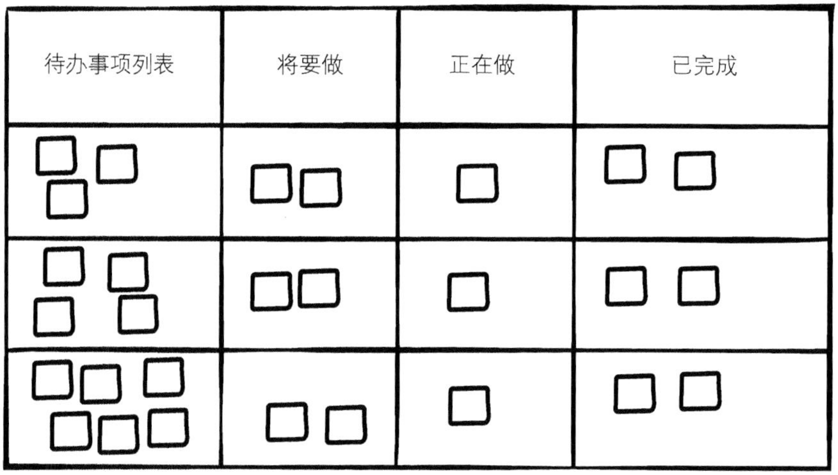

待办事项列表	将要做	正在做	已完成

图 2.10 信息发射源

在多个过程层级中进行控制

随着我们将敏捷规模扩展到更大的范围，我们需要将有多个层级的过程加以规范和控制。我们可能需要用项目集层级的控制来帮助管理许多团队的集成工作，然后用项目组合层级的控制来有效管理一个组织的整体工作流。在每个层级上，控制应该是敏捷过程的自然结果。表 2.4 是一组团队、项目集和项目组合层级的过程控制示例，与大多数敏捷交付方法一致。你可以很容易根据你的组织所需的审计和合规的严格程度来进行裁剪。

表 2.4　多层级过程控制

组织层级	控制示例
团队层级的 过程控制	• 用敏捷管理工具识别高级别特性或史诗故事 • 所有较低级别的用户故事、缺陷和其他工作项都可以通过敏捷管理工具被识别，并被绑定到适当的高级别特性或史诗故事中 • 对以当前发布为目标的待办事项进行以点数为单位的估算 • 团队制作并发布燃尽图 • 团队通过跟踪冲刺速度来测量可预测性 • 团队至少开展了以下实践： 　¤ 发布计划 　¤ 冲刺计划 　¤ 每日站会 　¤ 冲刺评审 　¤ 冲刺回顾
项目集层级的 过程控制	假设下面的项目集层级控件清单正在使用一个 SAFe 框架。对于采用 DA、Scrum@Scale 或其他规模化方法的组织，应该创建一个相似的清单。例如，一个实施 SAFe 框架的组织可能有如下期望： • 用一个可见的项目集看板来执行工作审批流程 • 用加权最短工作优先分数证明下一季度的工作是合理的 • 尽早且频繁地向客户发布价值 • 测量每次发布的业务成果 • 至少每季度做一次项目集增量计划，所有团队和产品负责人都要出席 • 至少每季度进行一次系统集成演示 • 至少每季度召开一次关于检查和调整的研讨会 • 项目集增量计划输出将产生： 　¤ 为每个团队制订的下一季度的冲刺计划 　¤ 经过估算并投入目标冲刺的用户故事 　¤ 跨团队间的依赖关系 　¤ 被识别出的风险，以及制订好的风险管理计划

（续表）

组织层级	控制示例
项目组合层级的过程控制	• 所有主要的投资请求都有一个轻量级的商业论证，其中包括可测量的业务成果目标 • 用一个明确的、公认的方法测量业务成果 • 项目 / 项目集没有被独立加权。相反，所有新的工作请求都是定期提出的，并且必须相互竞争 • 正在进行的项目 / 项目集工作受到现有产能的限制，团队不希望同时支持两项以上的工作，而是更倾向于每个团队一次只投入一项工作 • 在一个集中办公的位置对项目组合加以可视化，以便使同时进行的项目集数量和每个项目集的进展具有广泛的透明度 • 每个季度公开评审并测量业务成果 • 客观、可测量的业务成果是证明持续注资的主要依据

表 2.4 只是 VMO 为了创建一个敏捷组织需要实施的一些关键控制的一个例子。这些控制是组织使用精益和敏捷原则运作的自然结果，我们无须添加额外的文件或工件。

定义团队层级的敏捷过程预期

多年来，在与许多团队的交谈过程中，我们得知他们对敏捷开发没有明确的预期，因此只能自己定义过程、输入和输出。这自然会导致大量的混乱和变更。在这些组织中，没有两个敏捷团队以相同的方式运作，很少有一套好理解的基本步骤，他们通常缺乏度量指标，而且他们经常跳过过程的关键部分，如持续改进或客户演示。如果连基本的标准都没有，产品开发往往会比较混乱。请注意，这种方法可以经常在单个团队层级起作用。小型团队的工作量相对较小、外部依赖性小、成功的概率比较高，但是要在不产生冗余、浪费并使团队之间保持一致的情况下，在跨团队中规模化地实施团队层级的方法是不可能的。使用这种敏捷开发方法来交付大型、复杂的产品也很困难。在一个由 10

人组成的小团队中，只有几名工程师在创造一个相对较小的产品。而当你试图将团队扩大到数百人甚至数千人，来创造一个发电厂控制系统、卫星通信系统、先进的嵌入式医疗电子设备或金融交易系统时，这种方法可能会行不通。此外，这个层级的可变性可能不会满足大多数大型组织对过程定义和可重复性的期望。如果要创建一个更大的敏捷组织，基本层级的过程规范是必须有的。不过要当心，因为不必要的开销很容易扼杀敏捷性。

定义项目集和项目组合层级的敏捷过程预期

在项目集或项目组合层级工作的多个团队应该有共同的、明确的预期。如果没有强有力的协调，每个团队都可以很容易地在设计决策、用户界面模式、安全性、数据库访问等方面朝着自己的目标方向发展。这可能会导致混乱，使团队无法实现一个连贯、集成的系统。为了避免这种情况发生，我们对项目集层级的预期如下：

- 频繁的系统构建、集成、测试和演示；

- 围绕依赖关系，探索、计划和管理计划会议；

- 架构和设计工作组共同决定和记录如何处理常见的技术问题；

- 进行项目集范围内的回顾，以改善协调、计划、沟通和集成；

- 召开 Scrum of Scrums 会议，使每个团队的领导者一起应对挑战；

- 成立产品负责人工作组，为项目集工作确定优先级，从而为最终用户提供有用的功能。

对控制和过程预期的设定不必文档繁多。这些预期确实需要充当频繁的检查点，不断地将团队重新聚集在一起，使其基于一个共同的系统工作，而不是看上去像 10 个不同的团队那样各自为政。

保护交付团队免受官僚主义的影响

如果我们既要遵循规范，又要成功地实现组织敏捷，就需要一个良好的平衡。如果团队背负着低价值且官僚主义的"合规"的开支，那么他们就无法向客户交付有价值的可工作的软件。VMO 必须保护团队避免出现这类问题。VMO 如何既能保护团队免受低价值过程开支的影响，又能实现尽早且频繁交付高质量软件所需的高度规范，并以可定义和可审计的方式完成工作？答案其实非常简单：**定义敏捷的含义，为团队执行敏捷过程设定高期望值，并保护他们不做任何不属于公认敏捷实践部分的事情。**

通过这种方式，我们实现了定义良好的过程、过程的卓越性和可重复性，以及更加敏捷的组织。

案例研究：美国公民及移民服务局对过程的定义

美国国土安全部下属的美国公民及移民服务局是研究规模化组织敏捷的一个令人惊叹的案例。他们采用敏捷方法的结果令人震惊：从项目集平均每 180 天发布一次的频率加快到每两周或更短的时间发布一次。美国公民及移民服务局开发了一个相对简单的过程模式，该模式要求所有团队实现一些基本实践，如时间盒迭代、持续测试、迭代评审和回顾。最初的实践在图 2.11 中用星号（*）做了标记。一旦基本实现了敏捷交付，他们就会陆续添加额外的过程实践。这些更高级的实践使组织在采用敏捷方法的过程中变得越来越成熟。

价值驱动开发	协作	计划/调整	测试	软件设计
持续交付	现场客户	产品路线图	测试驱动开发	DevOps
看板	回顾*	估算/速度	自动化验收测试	持续集成
时间盒迭代*（不到四周）	迭代评审*	发布计划*	自动化单元测试	自动化构建
频繁交付*（季度）	产品负责人*	用户故事*	持续测试*	频繁代码检入

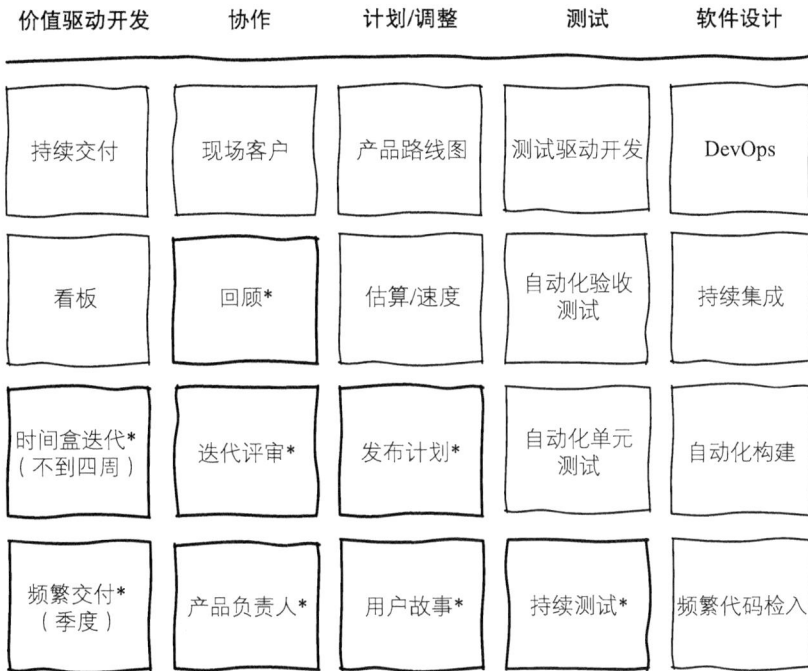

图 2.11 美国公民及移民服务局的初始敏捷实践

本章小结

如果没有一定的过程规范，那么实现规模化敏捷是很困难的。敏捷方法使我们有目的地快速行动，我们走得越快，就越需要规范。当我们在组织内部进行规模化敏捷时，便到达了一个临界点。在这个临界点上，我们需要有一个更明确、可重复、可审计的敏捷过程。诀窍是不让我们的敏捷过程负担过重，否则我们会失去我们所寻求的敏捷性。规模化成功的关键是最大化我们实践敏捷的程度，最小化我们实践非敏捷的程度。

如果我们的组织要采用 Scrum，那么我们应该尽量减少团队花在非 Scrum 上的时间。SAFe、DA、Scrum@Scale、Nexus、看板也是如此。每种框架都有一套自然的过程控制，这些控制将是过程的有机输出和成果。将以下方法作为你的控制点，并将其标准化，使其成为实现敏捷和合规的方法，从而不会产生过多的过程开支。

- 在基于团队层级或规模化敏捷方法的基础上，设定过程预期。
- 按照过程框架的要求去做，做到最好，并尽量减少耗费在对框架没有要求的工作的时间。
- 在多个层级设定预期：团队、项目集和项目组合。
- 不要期待从一开始就把每件事都做好。在每个层级上选择一些实践作为重点，然后随着组织对敏捷的理解逐渐成熟，再添加更高级的实践。
- 在团队、项目集和业务层级选择少量的度量指标。选择那些专注于解决你今天遇到的问题的度量指标。然后，当你在这些问题上取得进展时，通过改变这些度量指标来解决最新的问题。这样，你就有了一个与你的组织目前的状况相关且有用的度量体系。
- 结合度量指标来支持一幅简单的组织变革路线图，可以使组织的敏捷性越来越高。使用三个层级的指标来纵观全局：业务度量指标、项目集度量指标和团队度量指标。
- 关注跨团队的度量指标模式。如果组织中的许多团队都在苦苦挣扎，那么问题的根源并不在于这些团队，而在于他们所属的组织。把你的精力集中在改善组织的环境上，这样有助于团队取得成功。如果许多团队都无法实现他们的目标，那么很可能是组织中的系统问题阻碍了他们。请优先解决这些问题吧！

尝试：基本的敏捷实践

　　定义团队和项目集层级的基本的敏捷实践。我们要先制定一幅基本的敏捷过程路线图，包括高层级目标和可实现的时间线。不要试图太快前进，先设定好基本的目标。我们可以设定六个月的目标，并确保为目标设定度量指标，以便能够测量进展。

第 3 章

围绕价值流进行组织

根据我们的经验，如今任何大型组织为向客户提供价值所需跨越的筒仓的平均数量是 9 个。大多数组织都默认筒仓思维，中型甚至小型组织也不能幸免。这也是你的经历吗？如果是这样，我们可以一致认为这是个重大的、很可能已经存在的问题。

对组织内部的人来说，这种孤立的组织结构似乎是有效的；但从客户角度来看，这通常是一场灾难。客户的需求可能需要多个孤立的职能部门的协调，而通常每个职能部门都有自己的利益和预算，因此，实现价值向客户的快速流动非常困难。即使只是将测量端到端工作流作为识别阻碍流程的瓶颈的第一步，也是非常具有挑战性的。当一个组织有命令和控制、有自上而下的等级制度时，事情会变得更糟。从本质上来讲，筒仓之间缓慢的交付时间和跨层级的缓慢决策速度会造成组织的僵化。这样的组织一直在努力提升在快速变化的世界中生存所需的灵活性，而在疫情防控期间，这些组织很可能已不复存在。

那么，我们可以迅速采取什么措施来打破这样的组织筒仓呢？第一步就是让业务和 IT 合作伙伴定期联系。例如，一家银行客户需要建立一个线上渠道组织，以提供更好的端到端客户服务和创新。第一步是建立一个统一的组织单元，将业务伙伴与敏捷团队聚集在一起，组成一个更大的、统一的团队。我们的另一个客户采取了类似的方法，将敏捷团队扩展成为一个非常熟悉精益六西格玛技术的业务部门。这些变革通常需要对组织结构进行重组，以使变革朝着正确的方向发展。当然，任何组织结构重组都需要经过深思熟虑的设计，以确保其符合敏捷原则，并在高管的指导和监督下执行。

从长远来看，什么类型的组织结构最容易支持、启用和发展敏捷方法？当小型、跨职能、自规范团队的敏捷概念被引入传统组织时，事情变得非常棘手，如图 3.1 所示。世界上绝大多数公司都是围绕市场、财务、销售和 IT 等职能组织起来的。反映工业时代生产线的职能筒仓也被保留下来。例如，在 IT 行业中，需求分析、前端软件开发、数据库开发、数据库管理、网络工程、信息安全等构成了组织的基础。

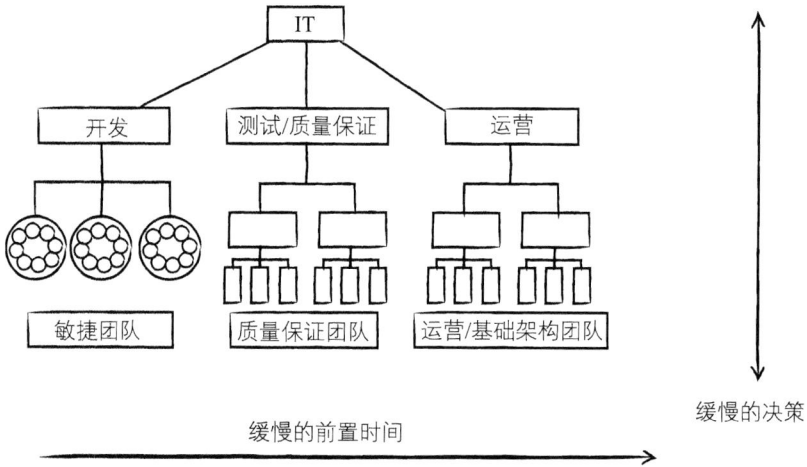

图 3.1　传统组织结构中的敏捷团队

即使我们可以组建一支符合 Scrum 指导方针的跨职能团队（这支跨职能团队由 3 ~ 9 人组成，有一位 Scrum Master 和一位产品负责人），我们也会遇到组织与敏捷方法错位的问题，这些问题如下。

- 敏捷方法需要的是小型跨职能团队（3～9人），然而，随着时间的推移，团队的平均规模最终会扩大到25人以上。
- 虽然敏捷方法需要的是一支具备核心团队所具备的所有专业技能的集成团队，但测试人员会从之前完全集成的核心团队中撤出，最终进入一个单独的质量保证筒仓。
- 虽然敏捷方法要求80%以上的团队成员一次只完成一个项目的工作，但团队成员最终会一次处理2～3个项目的工作。
- 虽然敏捷方法要求在冲刺/迭代中锁定范围，但未经培训的产品负责人最终会在冲刺/迭代过程中引入新的用户故事。
- 虽然敏捷方法需要团队成员承担责任，并自行分配工作，但新聘用的项目经理最终会在冲刺/迭代计划会议上将工作分配给团队成员。
- 虽然敏捷方法要求团队召开每日站会，但每日站会最终会演变为项目经理的状态会议。

旧的工业时代的组织模式显然与敏捷团队和敏捷方法不匹配，那么在当前的时代，更合适的替代方案是什么？

使组织成为适应性团队网络

近年来，工业时代以制造业为基础的组织模式出现了一种替代方案，并得到了广泛的普及，即将组织理解为围绕特定目标建立的适应性团队网络。长期以来，敏捷一直被认为是小型跨职能团队实现较高生产力和绩效的方法。将高绩效团队连接到适应性团队网络中，可以让团队成员在整个企业中共享信息，从而快速、动态地适应变化。

如图 3.2 所示，我们可以动态地形成团队网络，并将其重组为不同的"星座团队"，以满足当下的业务目标。我们假设这种灵活的、网络化的组织模式中变化是常态的，那么这种组织模式与传统的线性、机械的组织模式（假设稳定是常态的）有着本质的区别。

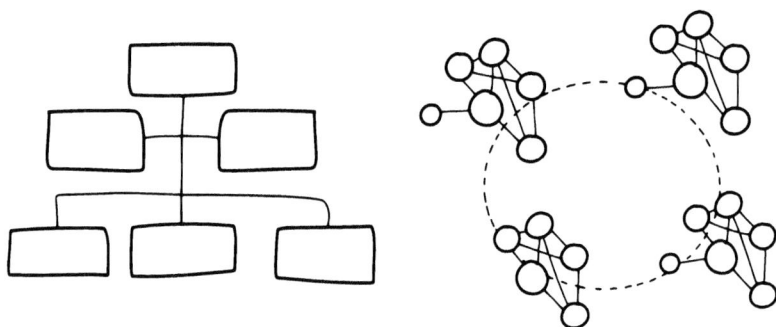

图 3.2　从工业化到网络化的组织模式

网络中的每个团队都会对其他团队产生影响。因此，这些团队的成立是为了在整个组织中端到端地协同工作，从而应对不断变化的业务环境。从客户的角度优化整个价值流是精益思想的核心原则，也是 VMO 在找出如何从等级化和筒仓化的模式中演进组织模式时应该应用的原则。

我们应该如何处理从一个团队规模化到敏捷团队网络化的问题？我们如何确保这些团队网络能够与我们的业务保持一致，并进行动态地配置和再配置？一个经久不衰的例子来自 W. L. 戈尔公司，该公司以其最初为雨衣开发的面料而闻名。

W. L. 戈尔团队网络

W. L. 戈尔公司有着悠久的产品创新历史，从心脏贴片到牙线和吉他弦。这种杰出的成功很大程度上归功于其篱笆式的组织结构。这种篱笆式的组织结构具有以下特点：

- 没有正式级别和头衔的扁平化等级制度；
- 围绕业务活动动态组织多学科团队；
- 基于业务需要而产生领导者。

特别值得一提的是，W. L. 戈尔公司以一种独特的方式来处理规模化。通过反复试验，W. L. 戈尔公司发现，一旦部门的员工数量超过 200 人，部门就不会像一个团队那样工作，而且部门规模也受到了限制。当部门开始超过 200 人的限制时，一个新的部门就会成立。

这些部门的地理位置相近，有着同样的业务需求。在过去 60 年里，W. L. 戈尔公司成功运营了这一模式，收入达到 30 多亿美元，在 30 多个国家和地区拥有 9000 多名员工。

在我们的组织中，部署这种团队网络模式的一种方法是使用敏捷发布火车技术。多个团队可以聚合到一个敏捷发布火车中，如图 3.3 所示。

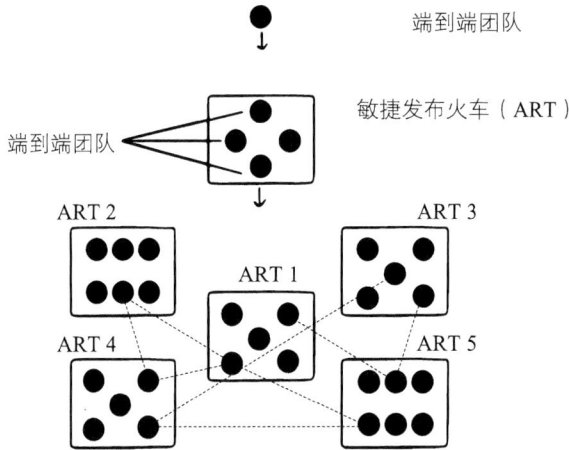

图 3.3　规模化至多个团队

在 SAFe 框架中，敏捷发布火车的人数从 50 人到 125 人不等，上限基于邓巴常数而定。人类学家罗伯特·邓巴（Robert Dunbar）提出，150 人是我们可以与之保持稳定社会关系的认知极限。也有其他人类学家认为，这个认知极限接近 300 人。当我们寻找规模更大的团队时，考虑如何最佳地利用认知极限知识来设置每个级别的团队规模是很有用的。使用该指南作为规模化方法的输入，我们可以考虑以下设置：

- 建立规模从 3 人到 10 人不等的敏捷团队；
- 将多个团队配置为 50 ～ 150 人的敏捷发布火车；
- 将多个敏捷发布火车配置成不超过 500 人的团队。

通过客户旅程来定义灵活的价值流

实际上，我们应该如何在组织中应用适应性团队网络的概念呢？成功的敏捷组织倾向于围绕客户构建团队，以便提供快速、无摩擦的跨职能支持，以及产品或服务的交付。价值流是为我们的客户提供持续价值所需的一系列步骤。使用价值流方法围绕客户进行组织预示着可以实现以下目标：

- 了解客户对组织的主要体验、旅程或接触点；
- 在公司内部创建内部公司，使其支持客户体验；
- 创建灵活的角色和职责，使价值流以更具创业精神的方式运作；
- 端到端支持客户价值流，并以与战略成果对齐的方式分配预算。

由于我们希望 VMO 承担团队组建和资源分配的任务，因此我们需要新的方法来思考如何应用这些概念，以实现更有效的价值交付和真正的业务敏捷。从根本上来说，我们建议采取的方法如下：首先，团队通过经验对齐使项目演进到产品；其次，将工作分配给团队，而不是个人，以确保团队内部对齐。

这些步骤将在下面详细介绍。

与经验对齐的团队一起使项目演进到产品

将组织的底层结构和过程从支持项目到支持产品，目的是确保我们为工作提供资金的方式以及建立团队和组织的方式，能够对用户反馈和不断变化的市场条件做出快速反应。

有了产品模式，我们的组织设计目标不是将自己锁定在一个僵化的组织结构中，而是建立稳定、跨职能的团队，围绕"星座团队"的客户体验进行经验对齐。我们的跨职能团队不是一次性地将团队成员分配到多个项目中，而是一次只专注于一个 MMP。MMP 是一组可部署的最小产品特性，可以满足客户的直接需求，为我们的业务提供价值，并允许我们进行测试和学习。MMP 允许我们对市场和客户的假设进行测试，并从测试结果中学习。图 3.4 展示了创建一个经验对齐的端到端团队的基本模式。

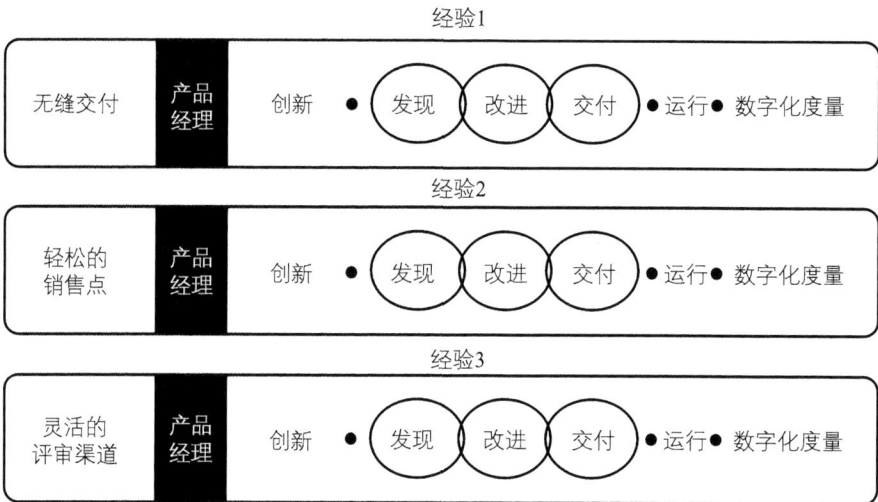

图 3.4　经验对齐的端到端团队模式

在我们的示例模式中，每个经验对齐的端到端团队都专注于客户体验，如无缝交付、轻松的销售点和灵活的评审渠道。为了取代筒仓式的组织结构，每个端到端团队都设置了必要的职能，以便在组织内从端到端向最终用户交付价值。每个团队都有以下几种类型的角色。

- 产品负责人：由产品经理领导，负责管理产品。
- 用户体验专家：协助产品负责人开展用户发现活动。
- 团队成员：具备生产或运行活动专业知识，通过原型设计并直接接触最终用户来进行创新试验，专注于数字化度量。
- 跨职能团队成员：致力于 MMP，并在发现—改进—交付过程中逐步系统地将其分解为史诗故事、特性和用户故事。

这种设计有助于实现逆康威策略，除了支持端到端沟通之外，它还有助于我们最终克服单体系统的问题。回想一下康威定律，它有一段著名的陈述："任何组织对系统的设计都是组织沟通结构的体现。"

由于我们正在解决业务敏捷问题，因此这种逆康威方法将有利于我们发展团队和组织结构。用这种方法分离团队，显著降低了每个团队的认知负荷，以及团队之间的依赖关系。通过把我们的团队建设成与客户体验对齐的团队，确保了我们的系统和价值流也将与客户体验对齐并具有灵活性。

把工作分配给团队，而不是个人

赋予有才华的团队成员更多的自主权有很多好处。从人文主义的角度来看，人们真的希望能够控制自己的工作。团队成员的自主权越大，其工作满意度、幸福感和整体工作参与度就越高。从财务角度来看，更多的工作投入会带来更高的生产力、更低的成本和更大的客户价值。然而，在不了解需要系统地做出哪些改变的情况下，增加个人自主权也有不好的一面。在不太成熟的敏捷组织中，努力提高团队成员之间的自主权会产生负面效果，因为他们彼此步调不一致，也不能对更大的组织目标负责。而在成熟的敏捷组织中，自主权、一致性和担责制必须齐头并进。正如 XP 的创造者肯特·贝克（Kent Beck）所宣称的，"没有担责制的自主权只不过是在度假"。

我们如何为团队成员创造自主权，同时确保他们保持一致性，并对实现组织目标和客户价值担责？答案是首先确保我们有经验对齐的端到端团队，然后将工作分配给经验对齐的团队，而不是个人，如图 3.5 所示。

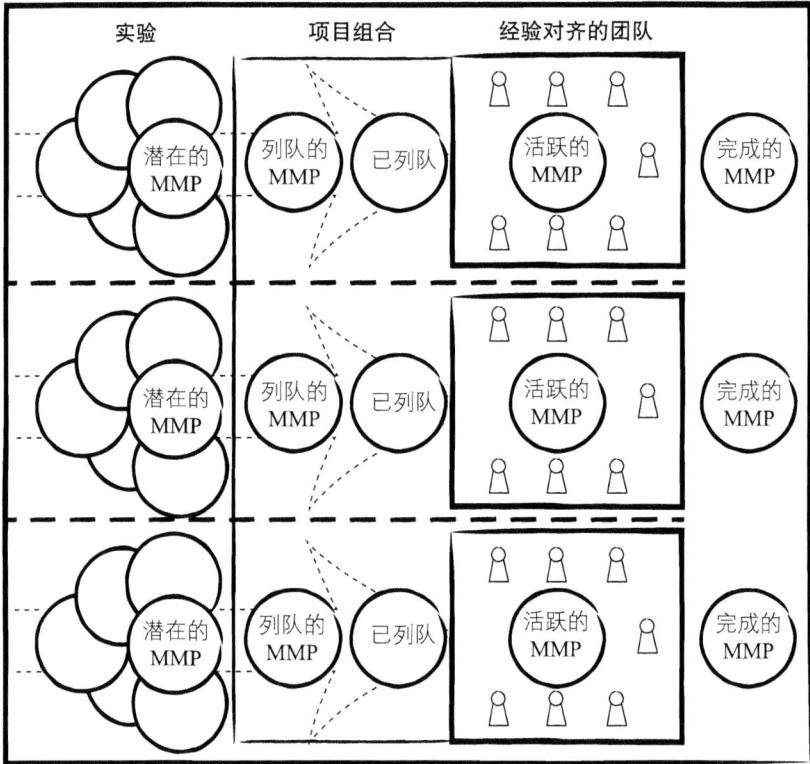

图 3.5　将工作分配给经验对齐的团队

在这个模式中，优先级排序工作需要经过从面向客户体验到由经验对齐的团队安排项目组合中的工作的过程。面向客户体验有助于我们发现产品价值，并允许我们以一种结构化和规范化的方式产生商业创意并对史诗故事进行初始识别。工作单元从项目转变为 MMP。MMP 由产品经理或产品负责人确定其优先级。相比之下，在已经过渡到产品方法的组织中，所有产品和非项目工作都是在 MMP 级别启动的。团队在完成 MMP 并确保其可用时再拉取工作。再往上游看，通过进行"客户体验"试验来验证实际的客户需求。由于对 MMP 设定了 WIP 限制，每个团队一次只处理一个活跃的 MMP。当团队完成当前的 MMP 时，他们将下一个 MMP 拉到队列中，处理并交付它。每个团队一次只完成一个 MMP，并确保规范地实施精益中"拉"和"流"的概念。我们将在第 5 章和第 6 章中进一步详细探讨这种模式。

将 VMO 创建为"团队中的团队"

在第 1 章中，我们介绍了 VMO 作为一个小型、跨职能、跨层级的团队，它由跨组织协作的关键代表组成，以推动组织变革并确保价值流向客户。VMO 有自己的专职 VMO 总监、VMO 项目集经理、VMO 推动者和其他由选举产生的代表，他们全职工作以支持 VMO。此外，VMO 还选择了联结销代表。

VMO 的联结销代表确保了 VMO 和敏捷团队之间，以及 VMO 和高管执行团队之间的组织重叠。他们既属于各自的团队（要么是敏捷团队，要么是高管执行团队），又在 VMO 里代表该团队，这有助于在整个组织中保持一致。例如，首席信息官、首席运营官或首席执行官将同时代表高管执行团队和 VMO。同样，Scrum Master 将代表他的团队和 VMO，发布火车工程师则代表敏捷发布火车和 VMO。组织内部各个层级之间的联系需要谨慎进行，其目的是实现价值流和促进组织变革。这种联结销模式的一个著名应用案例是斯坦利·麦克里斯特尔（Stanley McChrystal）将军的"团队中的团队"。

斯坦利·麦克里斯特尔将军的"团队中的团队"

当常规军事行动在战斗中失败时，麦克里斯特尔将军采用"团队中的团队"技术来应对严峻的军事形势。麦克里斯特尔和他的领导们帮助重新配置了联合特种作战部队的组织结构，使其从一个指挥控制型结构

> 的团队转变为一个"团队中的团队"。他们挖掘了小团队的韧性和凝聚力，并通过保持自主性来确保他们的敏捷性。他们将这些小团队连接到一个更大的团队网络中，并确保他们的一致性，以创建一股强大而有韧性的战斗力量。联合特种作战部队使用的方法如下：
>
> - 通过定期沟通，确保对目标的全面理解；
> - 通过赋予团队独立行动的权力，确保团队取得授权并执行；
> - 通过与参会人进行每日分享，确保其达成共识。

尽管这些原则看起来很简单，但我们知道，将这些原则付诸实践是极其困难的。这是因为，实现这个网络模式需要结构和运营上的变革，即我们需要改变我们的组织结构和运营方式。也就是说，一旦我们意识到另一种选择可能是破产，我们就可以培养必要的毅力来实现这些变革。

根据价值流为经验对齐的团队提供资金

相较于在项目开始时做出资金决策，并以工业时代的项目运行方式将其锁定，我们更希望确保我们的团队以一种驱动业务敏捷的方式获得资金。如果我们借鉴风险投资模式，那么这意味着我们的组织需要建立一种资金模式，在这种模式下，我们可以承担风险，并投资于强大的创业团队。风险投资模式明确表明了我们所有投资的内在风险。风险投资界受幂次定律（Power Law）支配。幂次定律指出，只有少数投资会产生大部分的投资回报，而其余的投资只会产生很少的回报或根本没有回报。这就要求我们以一种截然不同的思维和方式，为经验丰富的团队提供资金。

在大多数公司中，预算和资金使用过程是由计划和瀑布结构驱动的。也就是说，年度预算涉及大量的前期计划、估算和会计工作。一旦制定了预算，资金支出通常就被锁定在年度预算中。因此，目标年度预算支出与长期项目紧密相连。将团队锁定在预先安排好的工作中，这些工作能否带来成功的商业成果是不确定的。预算超支通常是不受欢迎的，这使得资金支出在年初变得非常保守。然而，支出不足也会令人反感，因为这会导致年底产生一些令人难以置信的浪费行为，比如，各部门都想方设法在年底前把钱花出去，以避免第二年预算被削减。这种僵化的年度预算和资金使用过程产生了大量的浪费，这可能是影响业务灵活性的最大障碍。

为了充分利用对敏捷团队的投资，并体现真正的业务敏捷，我们需要将资金转移到创业和增量模式。我们的 VMO 需要做以下工作。

- 与财务团队合作，确保他们了解我们需要改变现有的年度预算和资金模式，并在做出这些改变时寻求他们的帮助。
- 使用年度预算为经验对齐的团队提供更长时间的资金支持。
- 打破将资金支出锁定在年度预算中的瀑布式习惯；相反，至少每季度根据业务成果对资金支出进行调整。
- 定期调整产品功能，积极为表现出色的 MMP 提供资金，并积极终止表现不佳的 MMP。

我们将在第 7 章中详细探讨这些新的资金使用方法。

本章小结

由于许多组织的结构阻碍了敏捷方法的实行，因此实现敏捷最重要的步骤之一是组建经验对齐的团队。VMO 有两个关键职责：一是构建经验对齐的团队的动态网络；二是创建以客户为中心的资金和工作分配模式。

这种围绕特定客户成果而组织的团队网络结构，有助于价值在整个组织中畅通无阻地流动。运用这种价值流方法围绕客户实现价值，组织必须首先了解客户对产品和服务的体验，然后在组织内部创建具有灵活预算和角色的创业型公司，这些公司将动态地支持客户体验。

在建立经验对齐的团队之后，应根据产品模式而非项目模式的动态需求将工作和资金分配给团队。VMO 将作为"团队中的团队"，确保所有团队与公司的目标和成果保持一致。通常，这种一致性需要建立一个企业级的 VMO，或者与组织中的高层战略群体建立联系。

尝试：业务人员和 IT 团队成员一起工作

要想推动你的组织建立一个经验对齐的价值流团队，你可以让你的业务人员和 IT 团队成员一起工作，共同构思并交付 MMP。如果业务人员和 IT 团队成员在同一物理位置上，那么他们可以在物理板上建立端到端的工作流；如果他们不在同一物理位置上，那么可以通过视频会议和在线沟通来实现类似的结果。无论哪种方式，他们都可以每周召开一次同步会议，以确保工作顺利开展。

例如，我们的一位企业客户，一位充满活力的产品经理将他的办公室从邻近的大楼搬到了支持其业务线的敏捷团队旁边，这引发了多米诺骨牌效应。他下一步需要做的是将他的业务工作流与支持其业务线的 IT 团队的工作流进行对齐。他每天都与团队合作，以确保价值不间断地流动。他们开始有效地进行业务和 IT 协作，并迅速形成了一个真正的经验对齐的价值流团队。

第 4 章

适应性计划

在我们的职业生涯中，谁不曾有过在参与或管理大型项目过程中令人沮丧的经历？每个组织都有自己的大型"僵尸"项目，这些项目一旦启动，就会像"僵尸"一样无休止地持续下去。它们会成为无休止的资金消耗品，却几乎不会产生任何商业价值回报。这些项目要么最终彻底失败，要么成为非常昂贵的无用之物。导致这个问题产生的根源是僵化、**遵循计划**的思维模式，这种思维模式导致了大型项目的重大失败。也许在某种程度上，小型项目也会受到遵循计划思维模式的负面影响，导致客户不满、进度延迟和资金浪费。

对大多数组织来说，从遵循计划（具有漫长且严格的交付周期）的思维模式转变为**遵循价值**的思维模式是一个根本性的变化。组织通常按年度节奏运作，包括年度战略计划的制订、年度拨款、大型项目／项目集的年度交付、年度绩效评估和年度奖金的发放。项目和产品交付周期、年度财务周期挂钩。在"乌卡"（VUCA）时代，运用遵循计划思维模式会导致组织浪费、组织功能失调、组织发展缓慢甚至死亡。

在我们的咨询工作中，我们发现，实现遵循价值的思维模式和方法的第一步是，除了实现产品交付外，还应将资金使用计划从年度周期转变为季度周期。许多现代财务方法主张采用滚动预测来代替年度预算编制过程。在这些适应性方法中，重点是从年度预算转移到展望未来 12 ～ 18 个月的滚动预测。这些预测可以成为决策的依据，以帮助我们塑造未来的结果，而不只是预测未来。在产品和项目方面，我们大多数客户至少每季度甚至每月举办一次大房间计划活动。由于所有规模化敏捷方法都明确要求制订季度产品计划，因此我们可以用较小的增量进行计划、注资、交付和测量，而不是将计划锁定在年度周期中。

转向季度计划可以帮助我们避免几个不利的问题，包括大型项目锁定、糟糕的运行系统和对客户成果的负面影响。

大型项目锁定

无论大规模的传统系统转换还是更大的业务转型，大型项目似乎总是会在曲折地走向大规模失败时，耗尽每个人的精力。高德纳公司（Gartner）的一项调查发现，"预算超过 100 万美元的大型 IT 项目，其失败率比预算低于 35 万美元的项目高出近 50%"。

造成这种极具破坏性现象的主要原因之一是，在传统的计划中，我们不知不觉地将自己锁定在漫长的年度周期中。在传统工业时代的瀑布模式的驱动下，详细的计划必须在我们开始任何交付之前完成，一旦我们开始交付，我们就被锁定在计划中，直到漫长的年度周期结束。

为什么我们要把自己锁定在明知会失败的项目里呢？为什么在中途对计划做出必要和关键的调整会如此困难？这种僵化的做法源于工业时代的思维方式。回想一下这句谚语："计划工作，按计划工作。"如果我们仔细研究这句话背后的思想，就会发现预先制订计划是最重要的（"计划工作"），一旦计划制订完成，严格执行计划就成了成功的关键（"按计划工作"）。与固定计划有任何差异都是不受欢迎的、令人厌恶的。不幸的是，如图 4.1 所示，这种僵化的方法将我们锁定在随着业务环境变化而变化的目标上，因此会导致失败的结果。

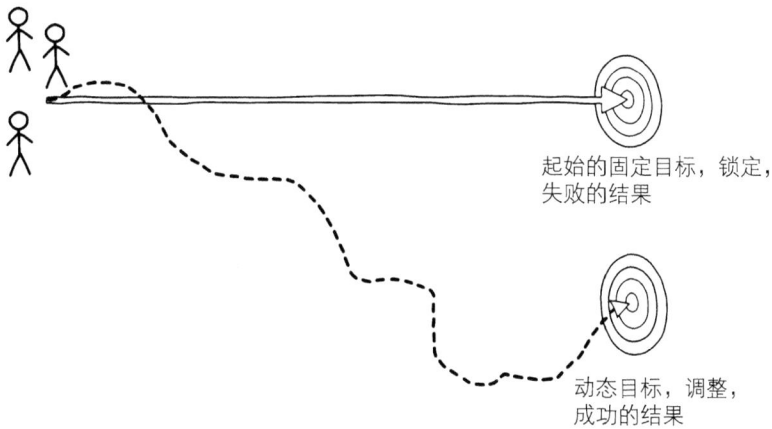

图 4.1　固定型计划与适应性计划

　　我们需要的是一种更灵活、适应性更强的计划方法，使我们不仅能够制订长期计划，也能使我们随着业务环境的变化而调整计划。对于大型项目，这种灵活性意味着我们需要一个规范的项目组合管理流程，如果项目无法实现价值，就终止项目。试想一下，如果我们能够在大型项目变成"僵尸"之前终止它们，我们将节省多少资金、避免多少悲伤。一些成功的公司经常这样做，这可能会让一些人感到惊讶。事实上，这是这些公司成功的主要原因之一。从 Workday 到联合利华，它们都采用专注敏捷的小批量的方法来实现业务成果。联合利华首席信息官简·莫兰（Jane Moran）曾在《首席信息官》（CIO）杂志上说道："我们的工作方式发生了根本性的转变，从同时管理大量的项目组合到专注于大约 30 个关键的战略技术平台。"正如我们接下来要讨论的那样，这些公司不会有达不到预期目标的行为。

糟糕的运行系统

在许多组织中，预算在财年结束时到期，预算和计划是在前一年支出的基础上制定的。我们在这些组织中看到了一个奇怪但普遍的现象，特别是在大型的官僚组织中，每个人都能找到方法来绕过严格的预算编制和计划流程所产生的限制。临近年底，管理者们努力想办法花掉分配给他们的资金，因为他们害怕在下一年的预算中失去这些资金。这种"要么用，要么丢"的做法会导致组织的挥霍无度，在任何渴望敏捷的组织中这种做法都是不明智的。明智的管理者最终会反对这个系统。尽管他们努力为组织创造利益，但他们必须与过时的系统和流程所带来的约束作斗争。为什么管理者会这样做呢？因为系统应该与组织的利益和客户期望的结果保持一致。一个好的系统能够正确引导我们的员工和团队，而不是扼杀他们的工作热情。员工并不是唯一受到影响的人，事实证明，长时间的计划和由此产生的长交付周期对客户期望的结果将产生非常大的负面影响。

对客户成果的负面影响

漫长且僵化的预算和计划周期会对客户成果产生负面影响。我们的客户被迫等待数月甚至数年才有可能拿到他们想要的结果。很多时候，当我们交付时，客户最终得到的与他们需要的相差甚远。虽然客户的需求会随着时间的推移而发生变化，但我们一直把自己锁定在他们过去的需求上，而不是找到一种方法来适应他们现在和未来的需求。尤其是当我们必须同时处理组织内外的多个任务和对系统及流程产生依赖时，这些问题就变得更加复杂了。

事实上，在 IT 领域，我们有过未能满足客户需求的糟糕记录。在《哈佛商业评论》(*Harvard Business Review*)的一篇文章《为什么你的 IT 项目可能比你想象的更危险》(*Why Your IT Project May Be Riskier Than You Think*)中，作者本特·弗吕夫布耶格 (Bent Flyvbjerg) 和亚历山大·布齐尔 (Alexander Budzier) 发现："在他们研究的项目中，有六分之一是'黑天鹅'，平均成本超支 200%，进度超时近 70%。"他们得出的结论是，有相当多的 IT 项目会产生大量的成本并且严重超时。

传统工业时代的方法所规定的在前期制订详细的计划实际上增加了我们失败的风险，也就意味着降低了我们成功的机会。因此，由此导致客户信心和满意度下降是意料之中的事。尽管我们会随着时间的推移而渐进明细地制订计划并改变交付给客户的输出成果，但一个更好的过程将使我们能够更加灵活地满足客户需求。

遵循价值，而不是遵循计划

成功的现代组织能够更快地感知市场变化，更快地响应市场变化，更快地测量业务成果。为了效仿这些组织，我们需要在资金、计划、交付和测量方面采取更严格的措施，以便随着业务环境的变化，能够快速反馈和调整。过渡到适应性更强的计划方法的第一步是改变我们的思维模式，从遵循计划转变为遵循价值。正如《敏捷宣言》签署人吉姆·海史密斯（Jim Highsmith）所说："遵循价值是识别项目业务成果的关键。如果我们生产的产品是按进度计划、按预算开发的，并且符合计划要求，却没有在市场上销售，那么我们就没有成功。"

我们可以在不做太多修改的情况下按传统的成本和进度计划的要求执行。然而，我们不需要锁定项目或发布的详细范围，而是需要从高层级范围的角度阐明我们的愿景。然后，我们逐步以 MMP 的形式定义详细的范围，并允许我们的产品负责人根据客户需求的变化进行调整。我们将在第 5 章和第 6 章中详细探讨这些理念。

这种新的思维模式中的一些关键理念如下：

• 小批量计划、交付和测量；

• 测量业务成果而非阶段性输出；

• 感知并响应业务状况。

小批量计划、交付和测量

当组织从传统的计划方法过渡到敏捷的计划方法时，将思维模式从"大批量"交付转变为"小批量"交付是至关重要的。小批量交付会使我们的系统运行更快、变化更小。在传统的产品开发环境中，当我们开发产品时，我们会产生大量的需求、设计、未经测试的代码、经过测试的代码，最后进行大批量的生产和发布。大批量的生产和发布极大拖延了向客户交付任何有价值的产品的时间。如图 4.2 所示，我们的新方法是对大量的需求进行分组，并使它们尽可能快速地通过系统。在敏捷组织中，产品负责人在产品待办事项列表中列出我们需要完成的所有事项（如特性、缺陷、风险、非功能条目），并排出优先级，然后在系统中移动最高优先级事项，并测量每一步的进展。

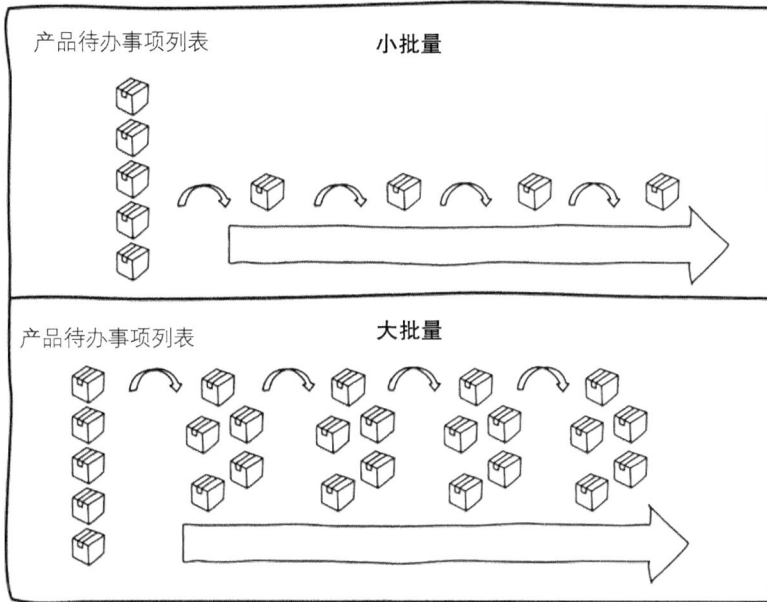

图 4.2　从大批量交付到小批量交付

较大的发布被分解为产品增量，产品增量被分解为 MMP，MMP 被分解为史诗故事，史诗故事被分解为特性，特性被分解为用户故事。在冲刺中，用户故事被分解为任务，如图 4.3 所示。

然后，我们在通常为期两周的冲刺中实现用户故事，在每个冲刺结束时提供一个迷你型的产品增量。随着时间的推移，这些迷你型的产品增量会聚合到发布中。当产品负责人认为这些发布可以被部署到生产中供客户使用时，这些发布就会供最终用户使用。为了实现快速和持续的反馈，我们启用了 DevOps 遥测。DevOps 遥测允许我们记录和传输来自我们的产品和环境的关键数据，从而促进实时反馈和监督。这些数据可以用来解除障碍，也可以作为反馈来帮助我们调整计划。

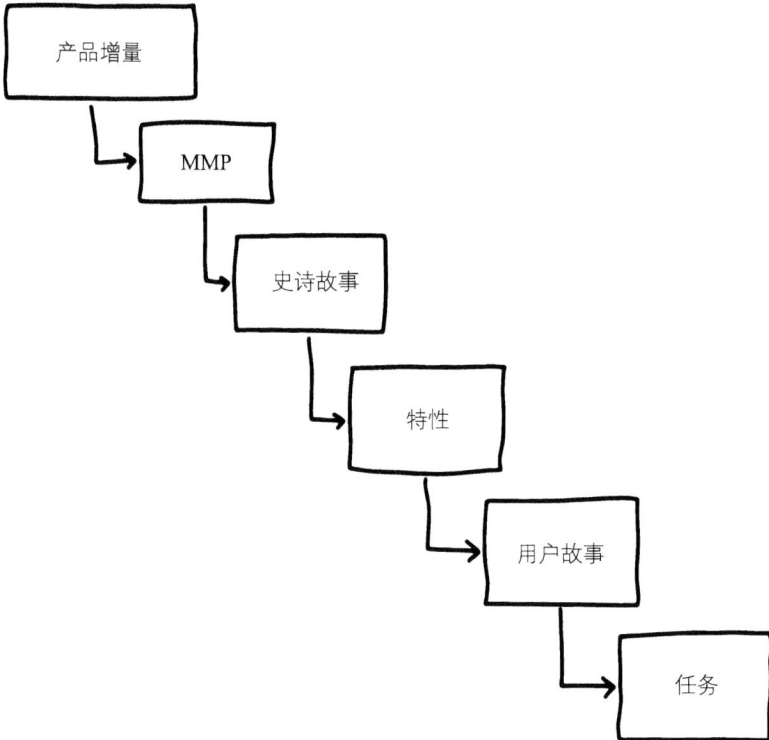

图 4.3　敏捷团队的需求分解示例

测量业务成果而非阶段性输出

几十年前，根据我们的个人经验，程序员的生产力曾经是通过度量输出的代码行数来加以测量的。也就是说，程序员生成的代码行数越多，说明他的工作效率越高。同样，对测试人员来说，他发现的缺陷数量是其工作效率的依据。测试人员发现的缺陷越多，说明他的工作效率越高。这两种情况都存在潜在的问题。由于他们是通过输出来测量的，程序员只是生成了更多的代码，并没有优化代码。复制粘贴的功能使用起来非常方便，程序员可以轻松地生成更多无用的代码。虽然测试人员发现了缺陷，但对修复这些缺陷的根本原因并不感兴趣。他们发现的缺陷越多，就越能得到认可并被认为其工作是有成效的。这两个都是靠系统测量每个阶段的**输出**来驱动的**局部优化**的经典例子，而不是通过测量由**成果**定义的价值来找到**优化整个系统**的方法。输出度量指标表明我们生产了什么（如代码行数或缺陷数），而没有提供任何关于我们在商业或客户成果方面交付的商业价值的指示。图 4.4 中展示了一个可以在组织的任何层级（团队、项目集或企业）使用的成果度量指标示例。

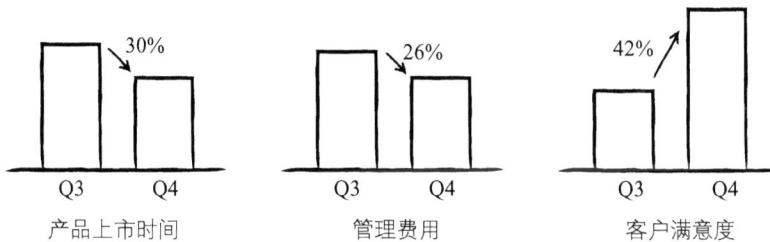

图 4.4　成果度量指标

三个非常强大的成果度量指标是产品上市时间、管理费用和客户满意度。这些指标可以与其他输出度量指标相结合，如团队速度和燃尽图。成果度量指标，而非输出度量指标，提供了最清晰的商业价值交付情况。

感知并响应业务状况

为了控制变更，传统方法规定了纠正措施，以确保产品和项目的绩效符合产品需求和项目计划。这种方法的缺点是，当变化发生时，我们会被要求遵循过时的且与当下需求不相关的工件。当我们这样做时，我们就失去了向客户交付真正具有商业价值的产品的机会，最终交付的是没有价值的过期文档。这里的基本假设是，变更本质上是一件危险的事，因为它会对范围、进度和成本产生影响。毫无疑问，不受控制和盲目的变更会把项目和产品推向深渊。在瞬息万变的环境中，适应变化是至关重要的。在这样的环境中，变更既是危险的，又是有益的。这种危险来自对抗变化、忽视变化或试图控制变化的心态。用一种类似于科学实验的规范测试、学习和适应的方法来拥抱变化，是遵循价值的最佳方式。

对由商业价值驱动的有意识的变革持有开放态度，从一开始就是敏捷运动的一部分。肯特·贝克（Kent Beck）、罗恩·杰弗里斯（Ron Jeffries）和切特·亨德里克森（Chet Hendrickson）提出了拥抱变化的 XP 准则。许多 XP 实践都是从头开始设计的，以适应后期的突破性变化。十年前，吉姆·海史密斯就有先见之明地写道："每次迭代我们都想问，我们是否有足够的能力在今天发布这款产品？我们想关注的是战略价值，而不是每个详细的需求（范围）方案是否都得到了实施。"

杰夫·萨瑟兰（Jeff Sutherland）和肯·施瓦伯（Ken Schwaber）在观察 – 判断 – 决策 – 行动（Observe-Orient-Decide-Act，OODA）循环的基础上设计了 Scrum 产品负责人的角色，并假设其需要在不确定的世界中快速学习。事实上，如图 4.5 所示，OODA 循环具有一个迭代学习规范，该规范被应用于所有的敏捷方法中——从早期的基于团队层级的方法到较新的规模化方法。军事战略家和美国空军上校约翰·博伊德（John Boyd）开发了 OODA 循环，它是战斗机飞行员在不确定和混乱的情况下运用理性思维的实用方法。它被广泛应用于多个行业，是一种快速推进的方法，组织可以使用这种方法在极端不确定的条件下灵活地应用经验主义。

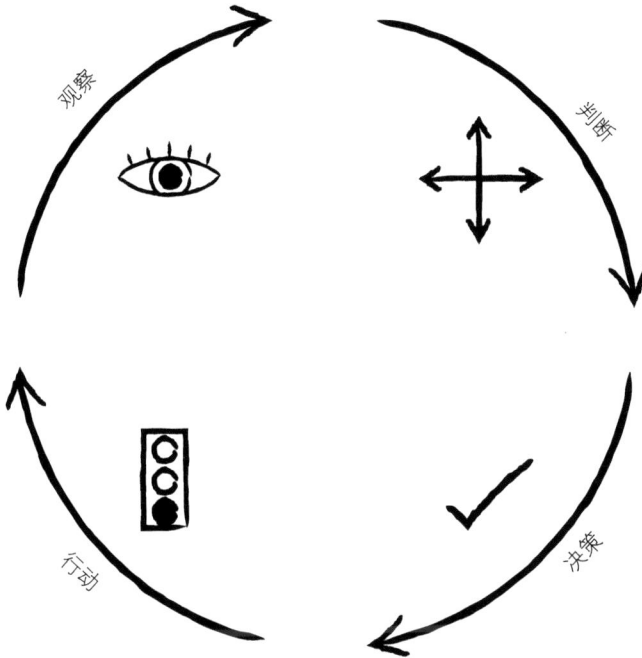

图 4.5　OODA 循环学习规范

　　用 OODA 循环建立一个可感知、可响应的学习规范，是将敏捷思想从一个组织扩展到另一个组织的好方法。将 OODA 循环学习规范纳入我们的计划过程中，使我们能够采用经验方法，感知并快速响应不断变化的业务环境。少量的计划、交付和测量，使我们能够将 OODA 风格的计划与执行、学习和适应紧密地联系起来。例如，亿滋国际（Mondelez International）和戴尔（Dell）等企业通过社交媒体进行监控，以实时分析、判断、制定决策和采取行动。接下来，我们将探讨 VMO 如何在我们组织的各个层级应用 OODA 循环的适应性计划方法。

在多个层级应用适应性计划方法

也许最著名的描述敏捷计划方法的名言来自德怀特·艾森豪威尔（Dwight Eisenhower）总统于 1957 年在国防预备役会议上的讲话。很久以前，他在军队里听到过这样的话："计划毫无价值，但计划又是一切。"对于这种自相矛盾的说法，我们很容易在敏捷的环境中进行解释。在制订计划的过程中，人与人之间的互动，以及由此产生的学习和适应比计划本身更重要。

VMO 在组织如何计划、交付和测量等方面发挥着重要作用。为了使适应性计划成为一种制度来执行，VMO 需要与整个组织的干系人合作，以实现迈克·科恩（Mike Cohn）在其里程碑式的著作《敏捷估算和计划》（*Agile Estimating and Planning*）中提出的结构化多层级方法（见图 4.6）。迈克借鉴了层级计划的概念。

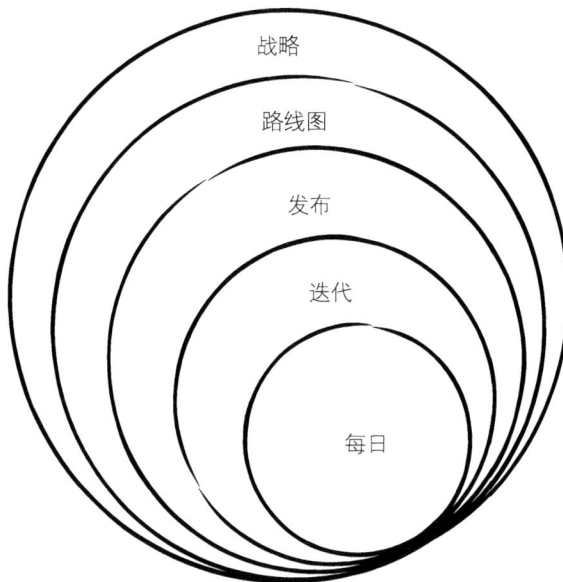

图 4.6　多层级敏捷计划（经迈克·科恩许可改编）

每一个视角或层级都不同，它们相互影响、密切关联。战略计划、项目组合计划和产品计划通常按季度节奏执行；发布计划的节奏更紧凑，由产品经理和产品负责人决定；迭代或冲刺计划遵循一周、两周、三周或四周的冲刺节奏；日常计划在每日例会（也称为每日站会）中制订。VMO 以多种方式在多个层级定期同步和调整计划，具体包括以下内容：

- 根据上一季度的业绩和下一季度的目标，对下一组目标和关键结果（OKR）进行持续的战略对齐；
- 开发季度滚动式价值交付和业务成果的测量方法；
- 针对 OKR，定期召开会议，以测量和评审项目组合进展；
- 每个季度开展大房间计划活动，以便为下一组 OKR 进行广泛的沟通和组织再对齐。

接下来，我们将详细介绍 VMO 如何使用有节奏的多层级计划方法来驱动组织快速学习和适应，使整体业务敏捷。

实施战略计划——情景计划、OKR 和 MMP

在敏捷组织中，执行总是与战略联系在一起。战略计划是以循序渐进的方式执行的。我们从情景计划开始，将情景构建到 OKR 中，然后形成 MMP 的基础，如下所述。

用情景计划把未来可视化为一个动态景观

情景计划是一种源自美国军方的战略计划，用于制订灵活的长期计划。在工业领域，皇家荷兰壳牌集团是采用该方法的先驱。情景计划帮助壳牌公司预测并应对了多次危机（包括 1973 年的能源危机、1986 年的石油危机，以及由此带来的社会和环境问题）。情景计划不是预测未来的单一版本，而是分析和探索几种可能出现的情景，并为每种情景描述应采取的行动。通过对可能出现的情景进行分析，根据每种情景可能产生的结果和影响来改进决策。通过提前做好准备来提升对未来的动态响应速度。用情景计划可以将未来可视化为一个动态景观，如图 4.7 所示。

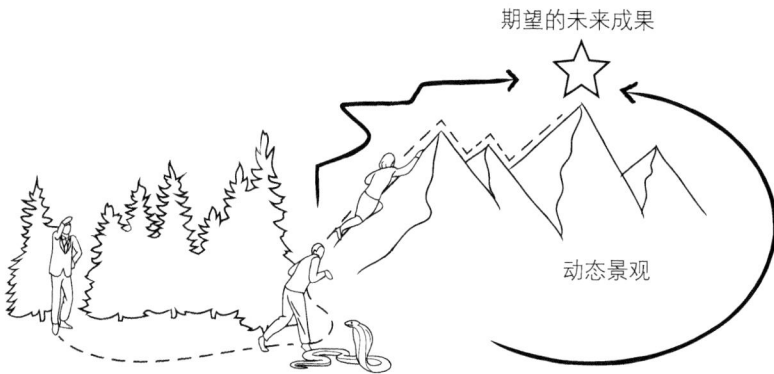

图 4.7　将未来可视化为一个动态景观

为了实现动态景观的高层级可视化，我们需要 3 ~ 4 个场景。每个场景都需要用背景、细节和多个战略选项来评估它们成功或失败的可能性。典型的细节可能包括关键假设，以及它对我们的项目、财务和人员的影响。一个基本的情景计划过程如图 4.8 所示。

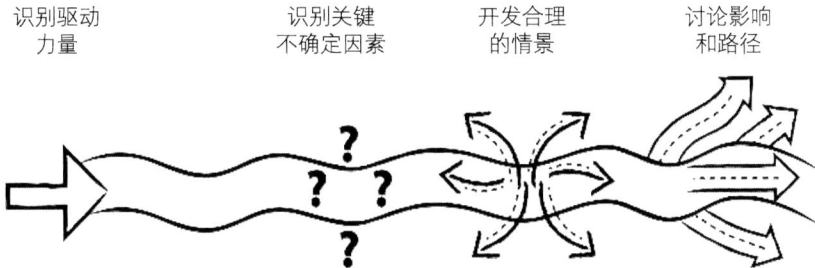

识别驱动
力量　　　　　　　识别关键　　　开发合理　　　讨论影响
　　　　　　　　不确定因素　　　的情景　　　和路径

图 4.8　情景计划过程

我们可以考虑 2020 年春季大多数公司的员工转向居家办公所受到的影响。人们对病毒的传播方式、病毒对人类健康的影响、病毒的传播速度，以及病毒对经济的影响程度知之甚少。可能出现的情况包括短暂的 V 形经济复苏和迅速反弹，以及长时间的 L 形经济衰退。重要的是，我们要清醒地思考不确定性和各种选择，并为可能出现的结果做好准备。世界各地公司的高管们肯定会对不同的情景及其影响进行批判性分析。这次疫情可能会持续多久？我们是否应该保留实体办公地点？如果保留，保留多久？大规模远程从业人员将对业务和社会产生怎样的影响？当工厂重新运行时，我们需要什么样的安全流程和个人防护设备？相应的法律要求是什么？居家办公会持续多久？居家办公将对我们的产品和服务的需求产生什么影响？表 4.1 给出了一个示例分析。

表 4.1　受疫情影响的情景计划示例

业务方面	不确定性及预期影响	行动事项
情景 1：2020 年第二季度末快速恢复生产 概率为 5% 按计划开展业务，增强准备意识 可以选择居家办公		
主要产品和服务	• 新业务可能会减少 • 沟通预防措施 • 现场清晰可见的标识和政策	• 数字产品／服务开发，用一个简单的试验展望未来，创建一个更复杂的课程

（续表）

业务方面	不确定性及预期影响	行动事项
总部	• 提高对病毒的认识及对在物理空间工作愿望的潜在影响 • 运营注意事项 　¤ 更多卫生注意事项和提醒 • 对远程工作的兴趣 　¤ 提前采购物资，以防供应链中断	• 在办公室的位置准备标识牌 • 向员工传达健康安全信息 　¤ 标识、电子邮件提醒 　¤ 在网站上发布最新疾病防控政策，并通过数字平台进行信息共享
情景 2：全球业务减速至 2020 年年底 概率为 25% 远程办公是必要的，业务和客户减少了 50% ~ 75% 不购买新的面对面服务		
主要产品和服务	• 预计业务将减少 20% ~ 30% • 需要平衡成本	• 加快数字产品和服务的发展
总部	• 预计面对面工作的人数会减少，人们会选择远程办公 　¤ 运营和供应链注意事项 　¤ 不断增加技术团队远程办公的工作量	• 实时的远程办公是必要的 • 员工常见问题解答 • 提前采购物资，以防供应链中断
情景 3：疫情持续到 2021 年之后 概率为 70% 所有面对面的工作都被取消了，大多数新客户的业务被搁置了几个月。2020 年，整个业务转向远程，利润受到重大影响		
主要产品和服务	• 预计业务将减少 50% ~ 70% • 所有线下客户的数量将大幅下降 　¤ 运营和供应链注意事项 　¤ 技术团队远程办公的工作量加大	• 开始紧急开发数字产品和服务 • 加快商业模式创新，并转向核心业务
总部	• 关闭所有线下业务 • 所有员工都将远程办公 　¤ 运营和供应链注意事项 　¤ 技术团队远程办公的工作量加大	• 远程办公是必要的 • 常见问题解答 • 提前采购物资，以防出现供应链中断 • 快速投资云技术和敏捷方法

我们可以在多个层级上进行类似的情景分析，如业务战略层级、项目组合层级、产品发布层级和冲刺层级。显然，战略层级越高，这项工作的范围就越

广。例如，业务战略层级的情景计划需要整个组织的干系人的参与，如市场营销、销售、运营和技术等部门。在战术层面上，制订情景计划可以为可能出现的不同的冲刺结果做准备。

通过 OKR 提升客户价值

OKR 最初由安迪·格鲁夫（Andy Grove）于 20 世纪 80 年代在英特尔提出，后来被风险投资家约翰·杜尔（John Doerr）加以推广。OKR 是一种协作性的目标设定机制，用于设定具有挑战性的目标和可测量的结果。OKR 驱动我们创造一致性，并鼓励我们围绕明确、可量化的目标创造凝聚力。OKR 示例如下：

目标：增加第三季度收入。

关键结果：

- 创造 100 万美元的收入；
- 将客户流失率从 15% 降低到 10%；
- 拓展 100 个新客户。

OKR 中的**目标**是定义我们想要实现的目标，**关键结果**有助于我们清晰地测量如何实现这些目标。关键结果是可以被量化的，以帮助我们实现目标。

假设人们对传统渠道的产品和服务的需求降低，那么推动新的收入来源将变得至关重要。居家办公导致人们对在线产品和服务的需求激增，同时也为业务的创新和增长开辟了新的机会。在全球经济增长放缓的情况下，创新驱动情景的一组 OKR 如表 4.2 所示。

表 4.2　全球经济增长放缓情景下的 OKR 示例

目标	关键结果
确定疫情中新出现的客户需求	• 对主要区域客户进行 25 次访谈 • 设计并实施对全球 100 家客户的调查 • 分析关键产品和服务的特性的使用情况，并跟踪趋势
通过测试产品原型快速创新	• 在一个月内开发出功能齐全的产品原型 • 支持模拟访问新产品网站 10 万次 • 通过 DevOps 遥测实时跟踪特性的使用情况
减少管理费用	• 在 60 天内终止或重新协商所有主要物业的租约 • 重新协商供应商合同，将供应商费用降低 10%
支持不断增长的远程办公人员	• 雇用 5 名可靠的工程师，以确保增加在线会议的安全性和可靠性 • 在 90 天内将所有员工转移到 Microsoft Teams 平台 • 发布新的远程工作者手册，以及当前居家办公的工具和程序

关于创新驱动的例子，我们不妨看看爱彼迎（Airbnb）如何闪电般地快速转向新的在线体验平台。面对收入下降 80%，以及疫情对全球房东的破坏性影响，Airbnb 于 2020 年 4 月推出了在线体验平台。在短短 14 天内，Airbnb 就为新的产品线建立了在线体验产品的基础，帮助房东在关键时刻增加收入。在线体验允许房东通过虚拟会议分享他们的盛情邀请：与僧侣一起冥想，参加培训班，与其他虚拟旅行者一起参与有意义的、新颖的体验。Airbnb 的策略说明，一个有明确结果的目标能够推动价值的快速交付。

使用 MMP 交付价值增量

我们可以通过将产品发布细分成 MMP 来显著缩短价值交付时间。我们可以用 MMP 实现小批量交付，使价值尽快通过系统进行流动，并实现快速学习。我们还可以用 MMP 测试我们对市场和客户的假设，并从测试结果中学习。

采用增量式 MMP 的方法可以使我们尽早且频繁地交付商业价值。从商业角度来看，这具有强大的潜在优势，可以为我们的业务提供更快的现金流和更高的净现值。正如马克·迪恩（Mark Denne）和简·黄（Jane Huang）在他们的经典著作 *Software by Numbers* 中所指出的，增量发布的表现远远超过一次性大爆炸式的发布，如图 4.9 所示。

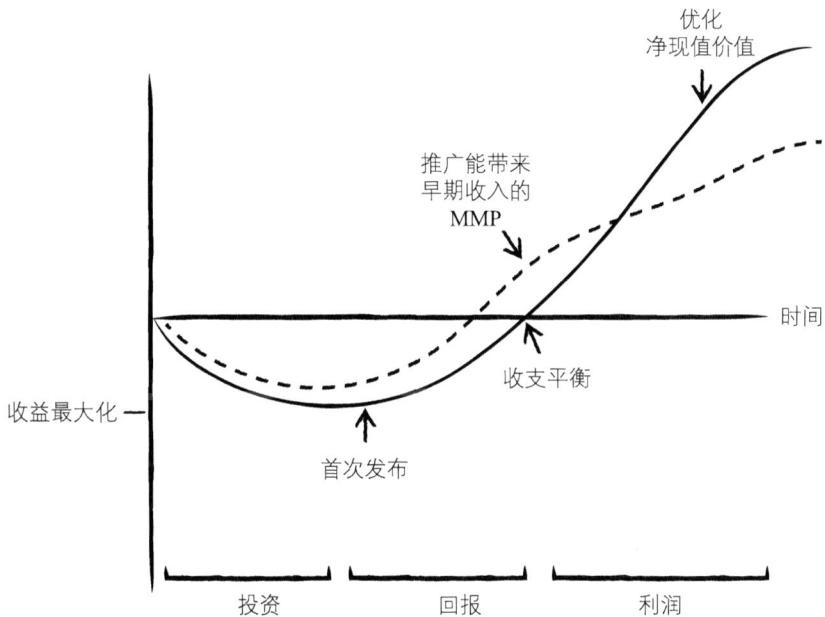

图 4.9　使用增量方法所创造的财务收益

通过交付 MMP，我们不仅能够更早地筹到和偿还产品或项目所需的资金，而且可以产生更快的现金流和更高的净现值。如果我们需要更快的现金流，并且对较低的净现值感到满意，产品负责人就可以优化能够带来早期收入的特性。相反，如果我们想获得更高的净现值，而不太在意初始现金流少的话，那么产品负责人也可以通过交付其他特性来实现。总的来说，小规模的产品增量交付使我们拥有了更高的可控性，降低了风险，并增加了现金流和商业价值。

实施项目组合计划——项目组合看板

一种行之有效的、历史悠久的可视化 MMP 及将其映射到 OKR 的方法是使用**项目组合看板**。

可视化管理系统或看板是一种精益工件方法。在丰田公司的精益生产系统中，看板是一个大的展示牌，用于安排工作、限制 WIP、保持低准时制（JIT）库存，并实现持续改进。从根本上来讲，看板的设计是为了可视化和优化工作流。更多相关信息，请参阅看板实践栏。

看板实践

与 Scrum 一样，看板是一个流行的基于团队层级的框架，用于实现敏捷过程。看板起源于精益思想，意思是"视觉符号"。这些实践在看板系统中被认为是必不可少的。

将工作流可视化。看板思想的核心工具是看板板，用于可视化工作流并跟踪工作流。看板工作者仔细按顺序布置他们的工作流，并明确承诺、交付和政策所包含的内容。

限制 WIP。工作流中的每个阶段都有明确的 WIP 限制。这些限制可以用来指导何时开始新项目及如何使工作顺利进行。

> **管理工作流**。团队积极管理工作流，以最大限度地缩短交付周期并加快交付速度。他们通过透明化管理、检查和调整、经验控制来识别和解决瓶颈及障碍。
>
> **明确政策**。团队有定义明确的政策，并确保它们简单、可见、始终适用、易于更改。
>
> **实施反馈循环**。反馈循环可以推动看板的演进。
>
> **通过试验改进协同**。从你现有的过程开始，通过试验不断改进协同。

通常，集中办公的敏捷团队会使用大型物理显示板作为看板板，显示其正在做的所有工作。在虚拟世界中，Planview Leankit、Jira Align 和微软 Azure DevOps 等敏捷生命周期管理工具允许我们在线创建正在做的所有工作，使我们的工作进程透明化，任何人都可以快速查看所有计划中的工作及正在进行的工作。我们可以了解即将发生的事情，审查当下的工作状态，并评估哪些情况在控制之中、哪些情况没有得到控制。

在过去的 10 年里，大卫·安德森（David Anderson）、德拉格斯·迪米特鲁（Dragos Dimitru）、马萨·米达（Masa Maeda）、吉姆·本森（Jim Benson）和托尼安内·德玛利亚（Tonianne DeMaria）通过引入精益看板方法，将这些精益基础知识带入了敏捷领域。

在项目组合层面应用看板方法，可以帮助我们将想法、原型、交付、收入和客户反馈的连续的端到端流程可视化。如图 4.10 所示，一个简单的项目组合看板可以帮助领导者确定通用需求的优先级，并帮助团队对项目集待办事项列表进行优先级排序。

项目组合看板：
基本要素

通用需求	短期需求	优先级排序需求	可预测的发布

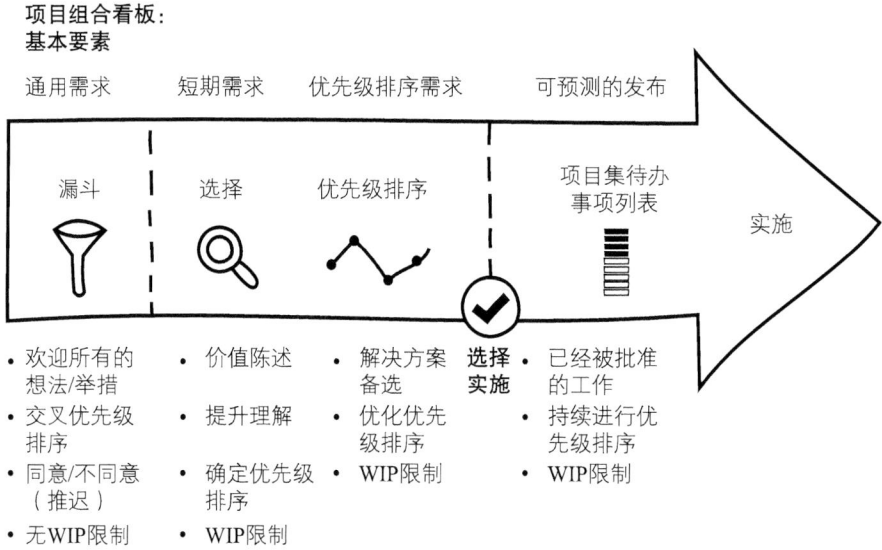

漏斗　　　选择　　　优先级排序　　　　　　项目集待办
事项列表　　　　实施

- 欢迎所有的　• 价值陈述　• 解决方案　**选择**　已经被批准
  想法/举措　　　　　　　备选　　**实施**　的工作
- 交叉优先级　• 提升理解　• 优化优先　　　　持续进行优
  排序　　　　　　　　　级排序　　　　　先级排序
- 同意/不同意　• 确定优先级　• WIP限制　　　　• WIP限制
  （推迟）　　　排序
- 无WIP限制　• WIP限制

图 4.10　基本的项目组合看板要素

使用项目组合看板是确保全局优化而非局部优化的好方法。团队在开发产品、项目和项目集时必须高效工作，项目组合经理和高管必须管理工作流，以获得最大价值。

如图 4.11 所示，VMO 可以在项目组合看板上的 OKR 中创建业务目标。

看板中的每一个内容都将其包含的所有工作指向特定的 OKR。因此，业务请求、MMP 和所有的 WIP 都被直接连接到特定的 OKR。这样做有助于每个人都能够理解并阐明他们的工作是如何成为组织目标、战略和预期成果的一部分的。特定的 OKR 确保了创新和试验聚焦于业务成果，而不会偏离轨道导致浪费。它还确保了整个团队能够可视化跟踪和管理价值流。它允许领导者通过明确目标来建立一致性，并通过授权使产品负责人和团队拥有更大的自主权。

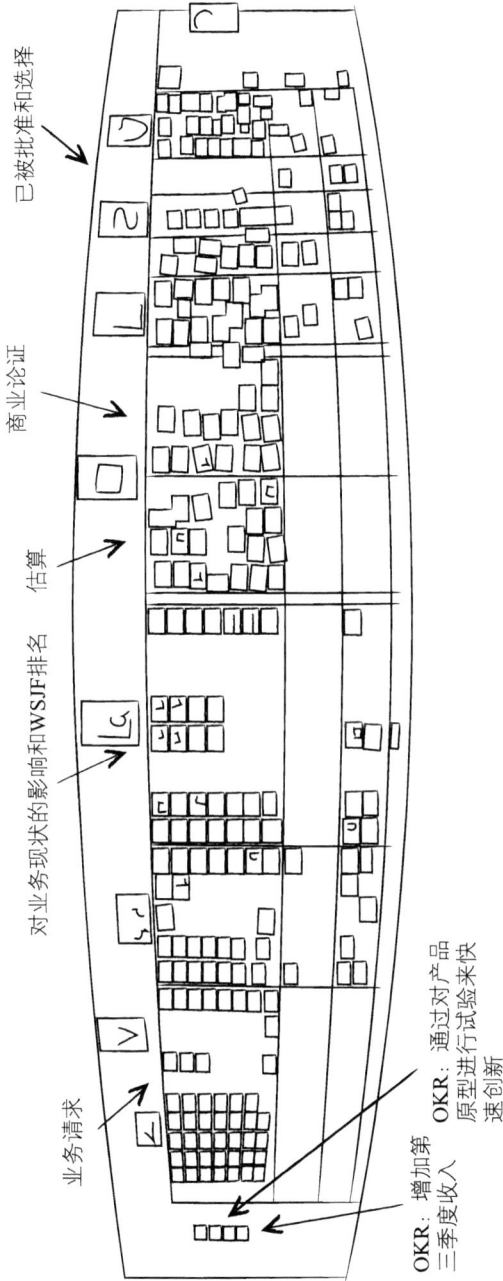

图 4.11 在项目组合看板上创建从 OKR 到 MMP 的过程

实施产品和发布计划——产品路线图和大房间计划

一旦通过项目组合看板将项目组合管道可视化，我们就可以从产品路线图开始考虑交付问题，然后通过大房间计划调整我们整个组织的运行。

使用产品路线图计划特性发布时间

产品路线图提供了实现战略目标的路径。产品经理和产品负责人可以与他们的干系人和团队合作，在一定时间范围内创建和演进能够实现某些产品特性的产品路线图。如表 4.3 所示，战略 OKR 先体现在每个月的产品目标上，然后再体现在每个月交付的特性目标上，这将帮助我们增量式地实现这些目标。

表 4.3　根据产品路线图计划特性发布时间

战略 OKR：通过对产品原型进行试验来快速创新		
发布 1 的目标： 创造一个可以进行回顾的 MMP，用于跟踪改进，同时确保其适用于远程工作团队	发布 2 的目标： 制作并分享你的回顾报告	发布 3 的目标： 对可视化进程和报告进行改进
目标特性： • 在本地或远程主持回顾会议 • 跟踪回顾 • 计划和审查行动及其结果	目标特性： • 更多内置的回顾工作流和可视化进程 • 可定制的问题和工作流 • 给会议主持人提示	目标特性： • 可视化冲刺评级、幸福指数、行动结果、客户满意度等 • 客户度量指标 • 跟踪和趋势的多维度改进

重要的是，我们需要确保每个人都明白，产品路线图不能一直保持静态。如果业务条件发生变化，那么它必须适应不确定性和变化。具体来说，这意味着产品负责人将拥有调整特性交付时间、删除特性或添加新特性的特权，以适应不断变化的业务需要，同时实现战略成果。

产品路线图由团队的产品负责人将其扩展为**产品待办事项列表**。产品待办事项列表是一个动态的、按优先级排序的清单，列出了产品或项目需要实现的所有事项。它既包含功能事项，如特性和缺陷，又包含非功能事项，如风险和债务。产品负责人根据商业价值和客户成果对产品待办事项列表进行优先级排序，并对产品待办事项列表中的事项进行持续的梳理。这种梳理包括与干系人进行交互，将更高层级的史诗故事分解为特性，然后再将其分解为用户故事，为这些用户故事建立一个可接受的标准，并决定哪些特性可以进入发布阶段。

通过季度大房间计划调整跨团队发布

任何一种计划的制订都是对不确定性、灵活性和沟通的持续练习。在大型组织中尤为如此，因为向客户交付价值涉及跨不同职能筒仓的多个团队。大房间计划可以使团队、干系人和领导者在其期望的业务能力上保持一致，并使其就在短期内可以实现的成果达成共识。大房间计划活动通常包括以下内容。

- 由产品负责人和他们各自的团队用大约一个月的时间准备团队待办事项列表、估算和其他需要提前计划的事项。
- 与所有产品负责人、干系人、经理，以及团队成员紧密合作两天。
- 产品负责人就各自团队下一季度的计划进行一次正式演示。
- 每个人就跨组织的影响进行激烈的讨论。
- 将 MMP 分解为史诗故事，再将其分解为特性。
- 团队使用故事点为所有特性进行工作量估算。
- 为下一季度创建跨团队计划，并将其作为增量看板，如图 4.12 所示。
- 讨论风险和依赖关系，并制定减轻风险和依赖关系的步骤。

冲刺

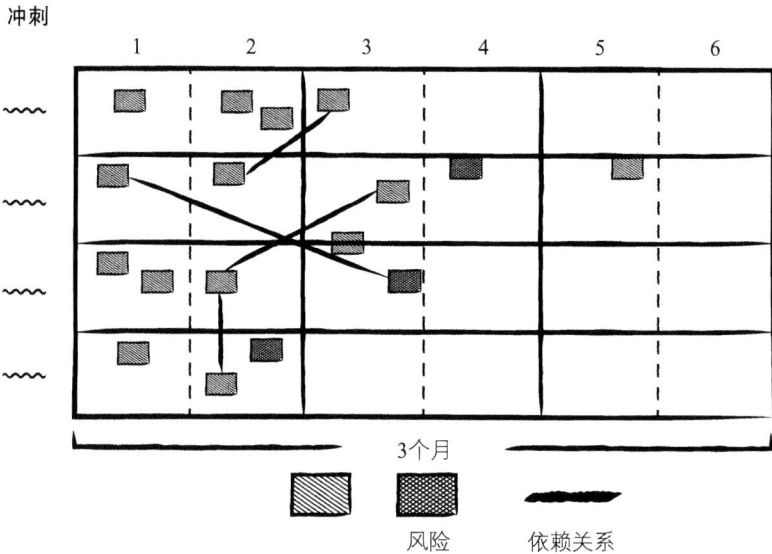

3个月

风险　　依赖关系

图 4.12　通过季度大房间计划调整跨团队发布

实施冲刺计划／迭代计划和每日计划

在战术层面，制订冲刺计划／迭代计划和每日计划有助于敏捷团队交付价值并实时检查和调整。

用冲刺计划、迭代计划驱动小批量交付

冲刺计划会议或迭代计划会议是一种持续几个小时的正式会议，在冲刺或迭代的固定时间盒开始时举行。基于团队层级的敏捷方法（如 Scrum 和 XP）依赖于时间盒技术，以确保我们一次只处理几件事。Scrum 将时间盒称为冲刺（Sprint），将 XP 称为迭代（Iteration）。我们把这两个术语看作是可以互换的。看板通过 WIP 限制可以确保小批量处理。最初在 Scrum 中，时间盒被设定为

30 天或更短的时间，现在冲刺 / 迭代通常是两周的时间。当我们扩展到多个团队并采用规模化方法时，小批量处理的基本原理依然成立。

冲刺计划会议 / 迭代计划会议的小批量输出是冲刺待办事项列表 / 迭代待办事项列表。它包括敏捷团队为冲刺 / 迭代所做的所有工作。冲刺待办事项列表 / 迭代待办事项列表的主要输入是产品待办事项列表。团队的产品负责人要确定产品待办事项列表中优先级最高的事项，团队负责交付与团队生产能力相匹配的事项，团队还负责估算并在冲刺计划会议中对其进行热烈讨论和制订计划。

通过每日计划实时检查和调整

每日例会或每日站会是一个 15 分钟的计划会议，敏捷团队可以快速回顾前一天朝着冲刺 / 迭代目标前进的工作进展情况，以此计划团队接下来一天的工作，并确定价值流的所有障碍或阻碍因素。《Scrum 指南》(The Scrum Guide) 要求由开发团队设定会议流程。如果会议聚焦于冲刺目标，那么开发团队可以用不同的方式召开会议。有些开发团队会以解决问题为目标导向，有些团队则更多地以讨论为主。以下是每日例会示例：

- 我昨天做了什么来帮助开发团队实现了冲刺目标？
- 今天我将做些什么来帮助开发团队实现冲刺目标？
- 我是否看到任何阻碍我或开发团队实现冲刺目标的障碍？

每日例会改进了沟通效果，确定了需要消除的开发障碍，加速了决策的制定，提高了开发团队的知识水平。这是一次重要的检查和调整会议。

从 VMO 的角度来看，每日例会本身并不是项目状态会议，而是团队在较细颗粒度层面进行检查和调整的重要会议。

|本章小结|

工业时代的管理模式让人们习惯于以年度为周期进行工作规划，这为企业带来了很大的负面影响。建立遵循价值的心态是执行适应性计划和建立相应学习规范的第一步。VMO 需要领导组织向小批量的计划、交付和测量过渡，测量业务成果及通过 OODA 循环学习规范来感知并响应不断变化的商业环境。

组织要在多个层面执行适应性计划，请按以下操作步骤执行：

- 通过情景计划、OKR 和 MMP 制订战略计划；
- 使用项目组合看板制订项目组合计划；
- 使用产品路线图和产品待办事项列表制订产品和发布计划；
- 在时间盒内执行冲刺 / 迭代计划和每日计划。

尝试：使用项目组合看板

绝大多数敏捷方法都是从组织的 IT 部门开始采用的。因此，他们倾向于关注敏捷交付方面，而没有非常成熟的敏捷业务计划和过程。一种简单但非常有效的改进方法是通过创建数字或物理形式的项目组合看板来为项目组合计划的执行奠定基础，如图 4.11 所示。以试点项目集为目标，通过与他们的产品经理、产品负责人和敏捷团队合作，获取他们的项目组合漏斗。让所有 WIP 都清晰可见并让人眼前一亮。一旦所有 WIP 都能够清晰可见，便可敦促产品经理终止非增值举措，并将具有很多特性的产品分解为 MMP。

第 5 章

跟踪和监督项目集价值流

从发展历程来看，项目和项目集是根据"三重约束"（范围、进度和成本）来进行项目跟踪和监督的。将"三重约束"作为测量进展的唯一指标已经被证明是有问题的，因为范围经常变化，进度经常基于不确定的工件里程碑来评估，且成本也会随着范围和进度的变化而变化。事实上，即使"三重约束"的思想已经主导了项目管理领域，我们也努力确保在成本和质量的约束下，按规定时间交付产品成果。因此，在传统的"三重约束"制度下，跟踪和监督项目或项目集的进展一直是项目经理、项目集经理和 PMO 工作中极具挑战性和吃力不讨好的工作。

随着时间的推进，特别是在敏捷方法出现之后，我们从惨痛的教训中受到了启发，吸取了经验，即在实践中，产品范围不能被限制在项目层级。如果将产品范围限制在较高的层级，就会产生意想不到的破坏性后果。限制产品范围不但会妨碍预期业务成果的交付，还会导致大量的浪费，包括过时的产品特性、不必要的产品复杂度，以及时间和金钱的浪费。我们也逐渐意识到，跟踪文档的交付是徒劳的，因为我们所跟踪和监督的工作并不能对产品范围的交付进度提供正确的指示，同时我们也无法确定在业务成果方面取得的真正进展。举例来说，虽然需求文档、设计文档和测试计划的交付很重要，但它们并没有对产品开发和交付进程提出明确指示，更不用说业务成果了。

敏捷先驱们很早就意识到了这一点，他们打破了僵化的瀑布铁三角，为采用灵活的成果驱动方法开辟了道路。21 世纪初，巴德·菲利普斯（Bud Phillips）担任 Capital One 公司副总裁。2006 年，在一次访谈中，巴德讲述了他的成功和秘诀。由于意识到业务团队反应迟缓且不够灵活，他和他的同事决定开始采用精益和敏捷方法。他们与 IT 部门的同事合作开发了一种更快捷、更灵活的解决方案，这种解决方案从一开始实施就吸引了客户。在执行过程中，他们重新定位了运营和 IT 之间的关系，达成了一个双方都认同的定义，正如巴德所说："功能上的完美不是最有价值的，总的项目成果才是最有价值的。"他们所采用的方法中应用了一些简单但强大的技术，如今这些方法已广泛流行。他们意识到了工作流的重要性，客户与他们的敏捷团队在同一个房间里工作，共同探索业务成果。他们改变了观念，从"我们必须制订一个庞大而详细的计划"变成了"我们有良好的商业头脑，让我们开始吧，未来的工作将以高度的可预测性展开"。正如巴德在他的访谈中滔滔不绝地描述的那样，他们采用敏捷方法的工作效率是采用瀑布方法的 10 倍，他们的工作充满了乐趣。

巴德和他的团队取得成功的原因是他们专注于业务成果，并在解决问题的过程中将精益与敏捷实践相结合。正如我们在第 4 章中所看到的，持续的瀑布式交付会产生返工和浪费，因为这种方法会迫使我们处理大批量的工作，包括需求、设计元素、工程设计，还有对最终产品进行测试和发布。处理这些大批量的工作会导致效率低下和浪费，其中包括从一个筒仓到另一个筒仓的人员交接、产品缺陷，以及不可避免的进度延迟和成本上升，这些代价是昂贵的。以精益为基础，敏捷方法可将增量产品交付的概念制度化，以实现小批量生产，从而使价值更快地流向客户。这种方法颠覆了传统的铁三角，如图 5.1 所示。

范围

成本　　　　　　进度

成本　　　　　　进度

价值

固定的高层级范围
通过优先级排序和增量MMP来灵活调整细节范围

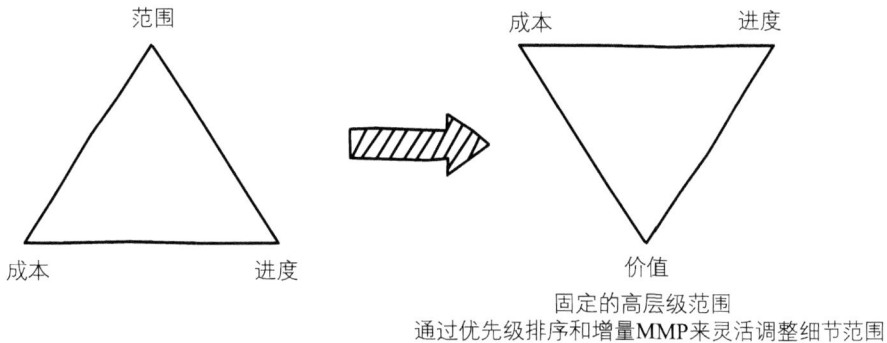

图 5.1　从传统的"铁三角"到"敏捷三角"

从"铁三角"向"敏捷三角"的转变给我们带来了几个好处。旧的模式迫使我们在一个不透明的环境中工作，不能清楚地洞察筒仓之间的依赖关系，对真正的瓶颈可能知之甚少。现在，我们可以测量业务成果，因为项目经理和项目集经理能够密切跟踪和监督从产生想法到交付产品的整个价值流，他们会管理筒仓之间的依赖关系以协调价值流，积极地识别并消除价值交付的障碍。在第 4 章中，我们看到这种工作模式可以使我们转变思维，我们不再遵循计划，而是遵循价值。下一个思维转变是从项目到产品，从大批量工作到小批量工作，从跟踪项目文档输出到跟踪实际的产品价值和成果输出。

旧模式有其传统的跟踪机制，类似于大家熟悉的项目进度甘特图，它在视觉上吸引人，但是该工件在洞察和控制项目上可能会让人产生错觉，因为它是基于临时项目输出的，如文档，而不是基于最终产品输出的。让问题更复杂的是，人类是高度视觉化的生物，我们很难理解或管理我们看不见的事物。因此，除了跟踪错误的工作进度之外，传统的跟踪方法并没有提供可以让项目可视化的鸟瞰图，也就不能使我们快速了解项目的整体状态。现在，我们通过全新的增量方式，围绕价值进行交付，利用精益思想来整合可视化管理和可视化管理系统，以标准化的方式快速传递大量信息。

理解可视化管理系统（VMS）

可视化管理是精益思想的核心基础要素，它源自丰田公司的精益管理系统，是全球各行业普遍采用的一种管理技术。从视觉呈现中获取信息的速度比其他任何形式都快，我们可以运用这种技术更好地从视觉上处理信息。

什么是精益思想

精益思想是几十年前吉姆·沃麦克（Jim Womack）和丹·琼斯（Dan Jones）在他们的著作《精益思想》（*Lean Thinking*）中流行起来的术语，它是指丰田生产系统背后的五个核心原则：

- 通过产品确定价值；
- 识别每个产品的价值流；
- 确保价值流动不被中断；
- 让客户从生产者那里获取价值；
- 追求尽善尽美或持续改进。

第二次世界大战后，丰田公司确立了精益生产系统及其背后的精益文化。直到今天，精益思想仍推动着丰田公司取得令人瞩目的成就。根据沃麦克和琼斯的说法，精益思想将管理重点从"优化单一的技术和资产"转变为"优化产品价值流"。

在产品交付或项目集管理环境中，VMS 对团队正在执行的工作，以及组织所期望的业务成果、标准、绩效等信息进行传递和预警。从根本上来说，

VMS 能够帮助我们看见所有 WIP，这使跟踪和监督价值流成了可能。VMS 还可以帮助我们确定价值流动过程中的所有障碍，并帮助我们以协作的方式清除这些障碍。正确应用 VMS 的关键是理解一些精益的概念（如可视化工作流、限制 WIP），并理解一些新概念（如 OKR、MMP）。下面将介绍这些概念的基础原理。

可视化工作流

为了通过系统来跟踪工作流，我们需要将工作流可视化。工作流会经过产品开发系统和组织系统，从客户提出要实现哪些产品特性开始，到我们将已实现的产品特性交付给客户实现商业价值时结束。

当系统运行良好，或者工作流表现较佳时，价值往往会稳定地流动，且可被预测。当工作流中断时，就会增加浪费，向客户传递价值的过程也会中断或延迟。因此，运用敏捷思维需要一个稳定、一致的工作流，从而为客户、团队和干系人提供可靠的价值交付。因此，为了实现更快、更一致的价值交付，将工作流可视化并对工作流进行管理至关重要。

Motley Fool 是一家不走寻常路的金融咨询公司，员工以其奇特的企业文化而自豪。该公司从团队配置和工作空间开始，将工作流可视化。当他们设计工作空间时，灵活性是首要驱动因素。员工可以根据工作流的新需求，动态地配置他们的团队，如通过移动桌子重塑工作空间来调整团队配置。通过移动物理白板和复制数字化信息，使工作流清晰可见，即使团队成员实时调整工作，其他成员也能与工作流保持一致。

限制 WIP

想象一下，在大城市路况的高峰时段，一条拥挤的高速公路上，汽车一辆接着一辆，没有人能快速到达任何地方，如图 5.2 所示。

图 5.2　高利用率、低产能

高速公路正在被高效地利用，在这一昂贵资源的每一平方英尺[①]上几乎都有一辆汽车。既然高速公路被如此高效地利用，为什么汽车不能开得更快呢？原因在于利用率和产能是负相关关系，如图 5.3 所示。

也就是说，稀缺资源的共享利用率越高，速度就会越慢。交通系统、网络系统和排队理论都能验证这一结论。然而，直到近两年，组织管理层才想到将同样的思路应用到项目集价值流的跟踪和管理中。根据排队理论，利特尔定律（Little's Law）告诉我们：

$$周期时间 = WIP\ 数量 \div 平均完成率$$

[①]　1 平方英尺 = 0.092903 平方米。——译者注

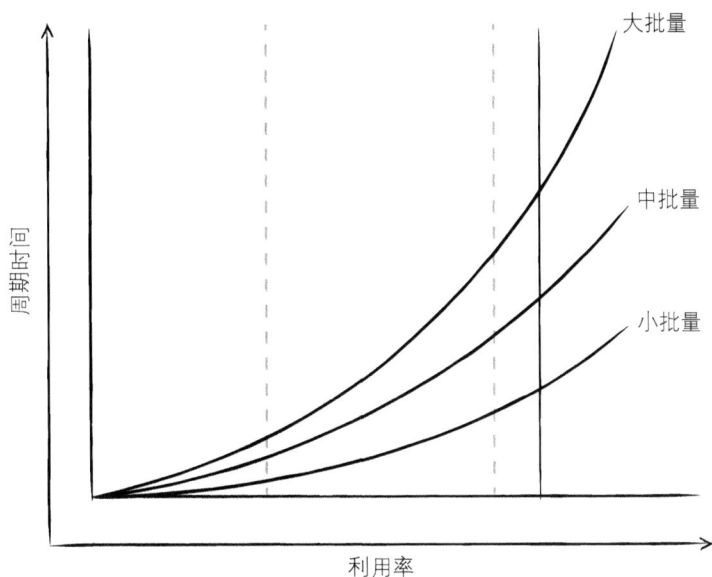

图 5.3　利用率对周期时间的影响

为了让系统中的工作更加快速地进行，我们可以减少 WIP（系统中总的活跃工作），或者提高完成工作的平均速度。提高完成工作的平均速度是困难的，而限制 WIP 并不难。减少系统中工作的周期时间，提升系统中价值流的产能，最直接的方法就是限制 WIP。通过将产品增量分解为 MMP 来限制 WIP，可以改善系统中的工作流。

通过 MMP 改善工作流

MMP 是一组可部署的最小产品特性，可满足客户的即时需求，为业务带来价值，同时允许我们对其进行测试和学习。我们可以通过将产品发布分解为 MMP 来缩短价值实现的时间。也就是说，我们不是携带大批量的项目库存来进行一次爆炸式的产品交付，而是以 MMP 为增量交付产品，直接缩短交付周期。

通过 OKR 量化价值

在第 4 章中，我们了解到 OKR 是一种协作的目标设定机制，用于设定富有挑战的目标，我们能够通过 OKR 获取可测量的结果。OKR 能够鼓励团队成员为实现明确、可量化的目标而团结一致，还能够帮助我们量化价值，并跟踪其在 VMS 中的流动。

通过 VMS 跟踪和监督项目集价值流

VMS 让我们看到知识工作通过价值流流向交付。当这些工作被可视化时，价值流中的阻碍和延迟就会很明显。结合基于价值流的度量指标，领导者可以实时了解价值在哪里流动、在哪里受阻或延迟，以及领导者可以做些什么。通过 VMS 对项目集价值流进行跟踪与监督的两个主要工作是设计和建立 VMS，以及测量和改进价值流。接下来，我们将详细探讨这些工作。

设计和建立 VMS

设计和建立 VMS 的目标是使每位团队成员都能一目了然地了解该系统、评估价值交付的状态、识别阻碍实现业务成果的问题，从而实现稳定、一致的价值交付，进而实现 OKR。从商业角度来看，成功取决于我们是否实现了业务成果，因此，帮助我们了解业务成果进展的系统至关重要。VMS 建立了人员和数据之间的联系，以跟踪和监督业务成果的价值交付。有效的 VMS 能够显示产品或项目集的状态和绩效信息、传达标准要求和工作说明，并尽可能暴露工作中的困难和问题。当价值流的问题和障碍暴露在所有团队成员面前时，团队成员可以立即采取纠正措施，以确保价值和业务成果的持续交付。

为了便于团队成员的可视化交互和团队管理，VMS 通常会有一个面板墙，上面带有标准化的视觉控制、标签、颜色编码和其他标记，而不仅是文字说明，如图 5.4 所示。实际上，设计并建立 VMS 需要考虑以下因素：

- 确定 VMS 的物理位置，以及可选择的数字工具；
- 与工作人员协调安装并固定面板；
- 确定关键角色和职责：一位 VMS 负责人、一个推动 VMS 工作的核心团队，以及一个代表客户和其他干系人的扩展团队；
- 识别项目从启动到交付的全过程、项目集价值流或产品价值流；
- 记录 OKR，将其作为业务成果的明确指标；
- 创建一个描述 VMS 关键要素的指南；
- 创建一个操作流程，即定期审查、捕获问题及确保问题解决的流程。

除了 VMS 在墙上的展示外，我们还可以在 Planview Leankit、Jira 或微软 Azure DevOps 等工具中捕获数字信息，如图 5.5 所示。当团队成员分布在各地时，通常只使用数字 VMS 进行操作。

我们可以在各个层级部署 VMS，包括组织内的团队层级、项目集层级或项目组合层级。

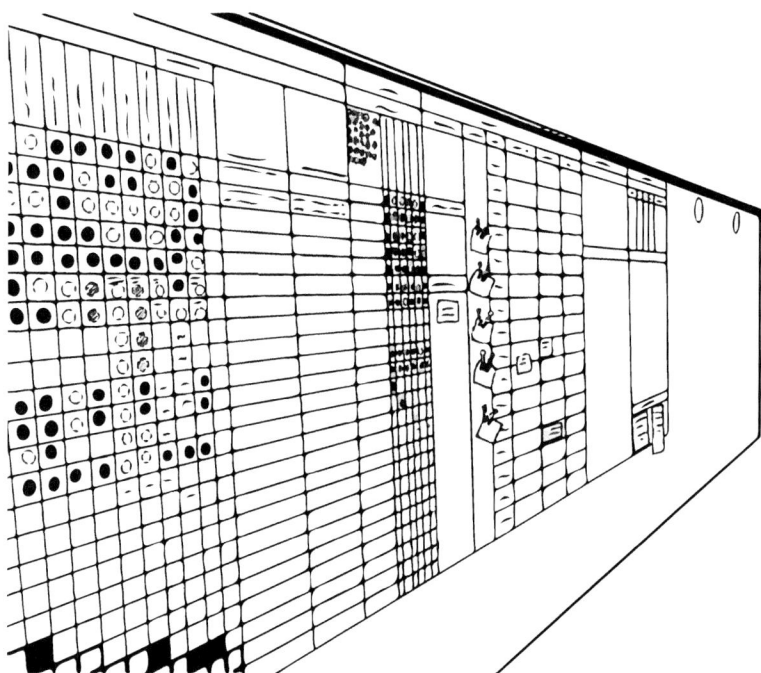

图 5.4　VMS 视觉设计和标准化

在团队层级，我们可以使用 VMS 作为团队仪表板，获取每个团队所需的基本信息。我们可以在 VMS 上跟踪冲刺燃尽图、速度、高优先级问题、持续集成和持续部署结果，以及团队分配。

在项目集层级，我们可以通过创建一个类似于"项目集对齐墙"（PAW）的 VMS 来完成跨团队的跟踪和监督。如图 5.6 所示，PAW 是由我们的同事鲍勃·佩尼（Bob Payne）在几年前引入，由一位客户对其进行演进而成的，用来管理一个敏捷和瀑布双模式的混合项目集。该项目集由 21 个团队组成，包含 4 个敏捷团队和 17 个瀑布式团队。VMS 通过一次性将多个团队的工作分解到一个特性中，创建了一幅简单但颗粒度精细的交付视图。通过开发、测试和部署，在工作不中断的情况下要尽可能快速地将商业价值交付给客户。具体来

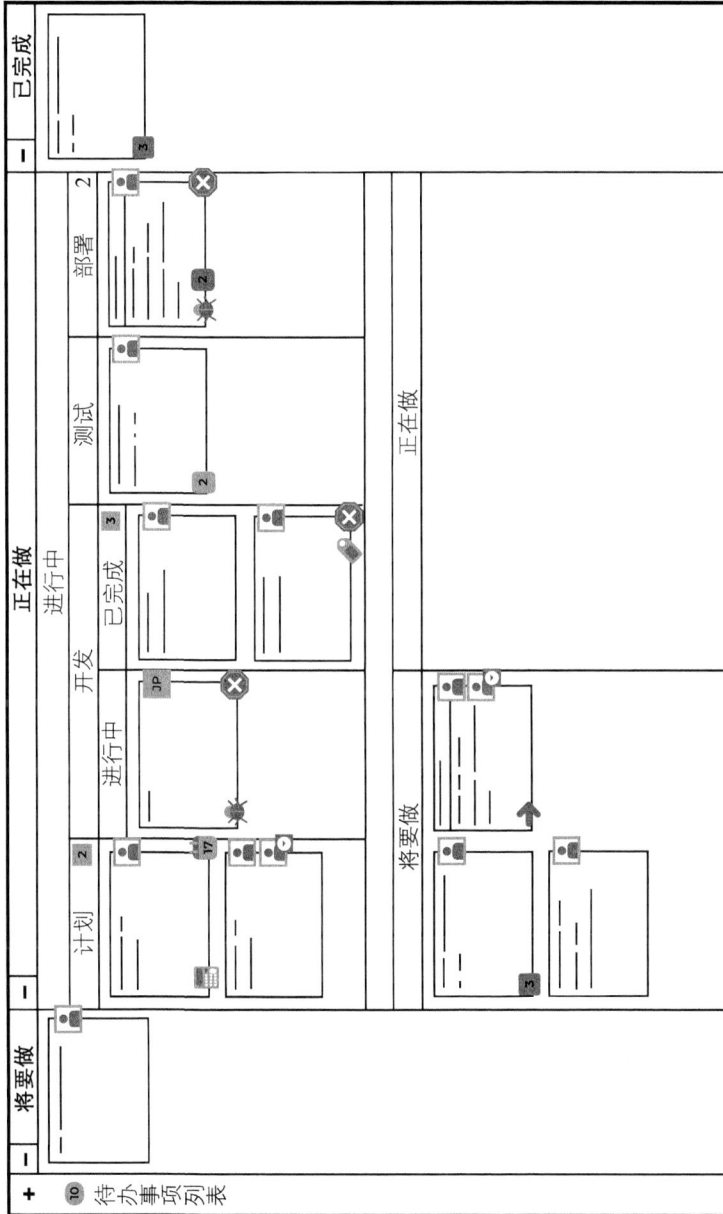

图 5.5　数字 VMS 的设计和标准化

说，PAW 通过二维模式来跟踪整个系统的工作流：

- "行"代表功能的泳道；

- "列"代表冲刺或迭代；

- 卡片代表史诗故事（大量的工作），并作为整体发布计划进行布局；

- 卡片上的点标签展现了团队间和项目间的依赖关系。

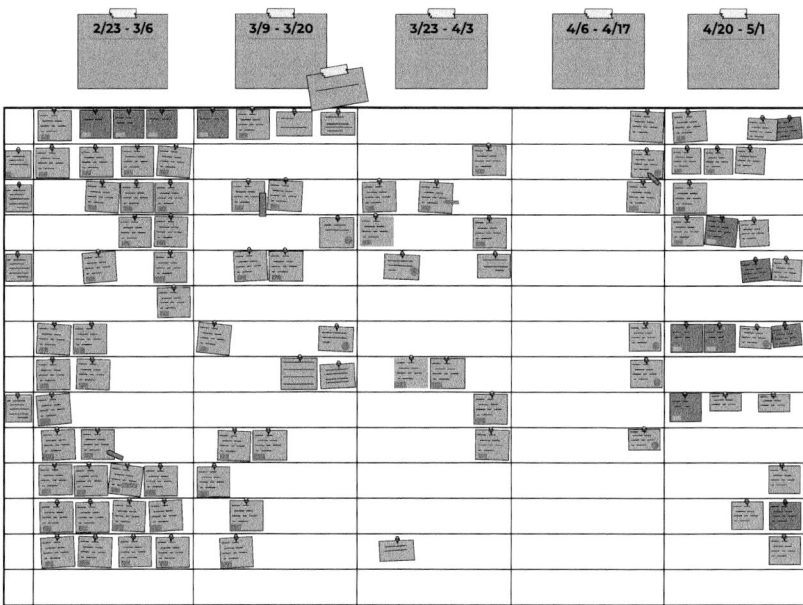

图 5.6　项目集层级 VMS：一个简单的 PAW

请注意，PAW 上的所有内容都在敏捷生命周期管理工具（如 Jira 或微软 Azure DevOps）中被同步进行维护。

如果你的跟踪需求更加复杂，可以参见图 5.7 所展示的 PAW 的最新、更详细的版本。该版本的 PAW 跟踪工作的特性、子特性、状态、任务、目标日期、依赖关系、负责人、风险及注释。

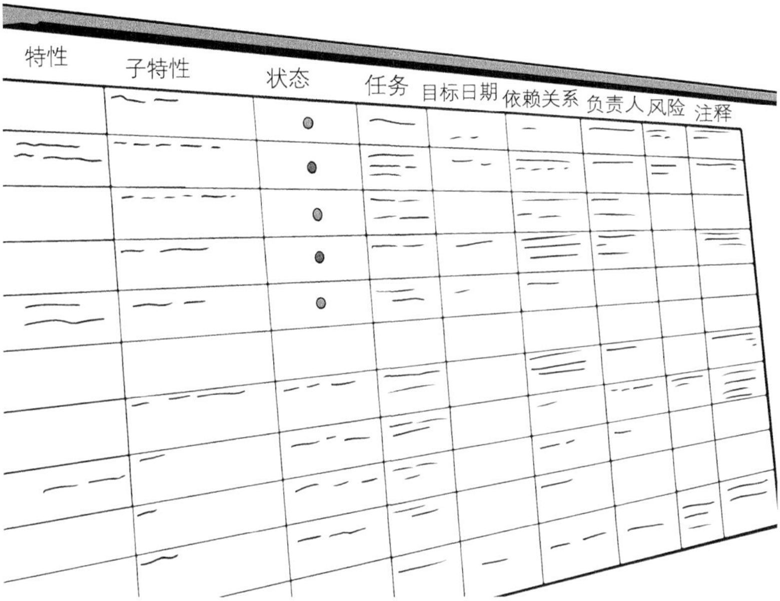

图 5.7　项目集层级 VMS：一个更详细的 PAW

测量和改进价值流

　　VMS 使所有工作清晰可见，让我们对价值流和价值流的障碍有了更深刻的洞察。在敏捷环境中，VMS 还支持快速的端到端反馈，从而推动团队成员持续学习。当特性在系统中流动时，我们可以测量出它们的前置时间或者从最初产生想法到向客户交付价值所需的时间。当我们把 MMP 交付给客户时，我们有机会获得他们的反馈，并根据 OKR 中的规定测量业务成果。

　　像前置时间这样的价值流度量指标，是基于 MMP 的价值主张产生的。这些价值主张可以被逐步交付和估算，它们为价值交付的进展提供了极好的指标。我们可以使用 OKR 来实现业务成果，并持续检测产品和业务成果的实现过程，而不像在"三重约束"制度下只关注项目输出。如果 MMP 与商业论证结果不符，那么通过反复检查、评估，我们可以对它们重新定位，或者从项目组合中清除它们。

前置时间是最基本的 VMS 价值流度量指标，跟踪前置时间是一个很好的起点。如图 5.8 所示，前置时间是指从项目启动到完成所需的时间，而周期时间是整个过程中一个运行周期所花费的时间。在产品开发中，区分端到端前置时间、MMP 前置时间和开发周期是很有用的。端到端前置时间是指从创建初始产品或产生想法到将产品交付给客户的时间。MMP 前置时间是指从创建 MMP 到将 MMP 交付给最终用户的时间。开发周期是指从开始开发一个用户故事到做好准备进行部署的时间。在本例中，开发周期是指在较大的 MMP 中交付用户故事所需的时间。

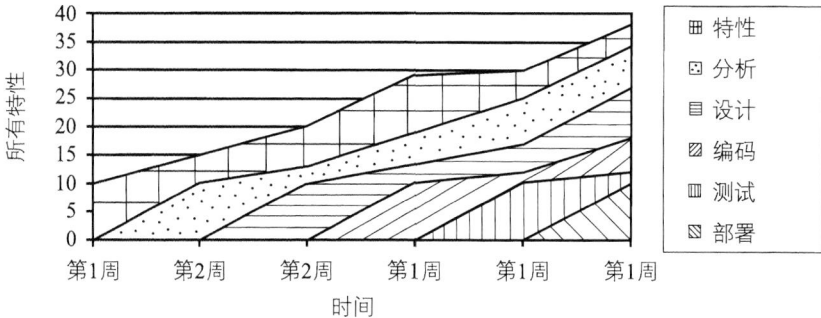

图 5.8　前置时间和周期时间

下一项任务是应用前置时间度量指标确定在 VMS 上跟踪并测量哪些类型的事项。米克·克斯滕（Mik Kersten）在他的工作流框架中，建议将特性、缺陷、风险和债务作为相互独立的事项进行跟踪。跟踪并测量特性、缺陷、风险和债务的前置时间可以产生一个超越产品特性的多维图景、一个更加全面的展现整体业务成果进展的图景。

除了测量前置时间外，使用累积流图（CFD）将价值流可视化，并对其进行测量是下一步的重要工作。CFD 可以帮助我们识别和解决价值流中的瓶颈。在 CFD 中，x 轴代表时间，y 轴代表工作流中每一步的工作量。CFD 能够揭示出开始时间、处理时间、处理数量和完成时间。

CFD 能够帮助我们看清系统中的工作是如何随着时间的推移被构建起来的。我们可以构建一个具有不同波段的 CFD，使其可以展示出我们在 VMS 中的工作。CFD 的每个波段代表一栏，能够清楚地显示出每个过程阶段中的工作量，如图 5.9 所示。

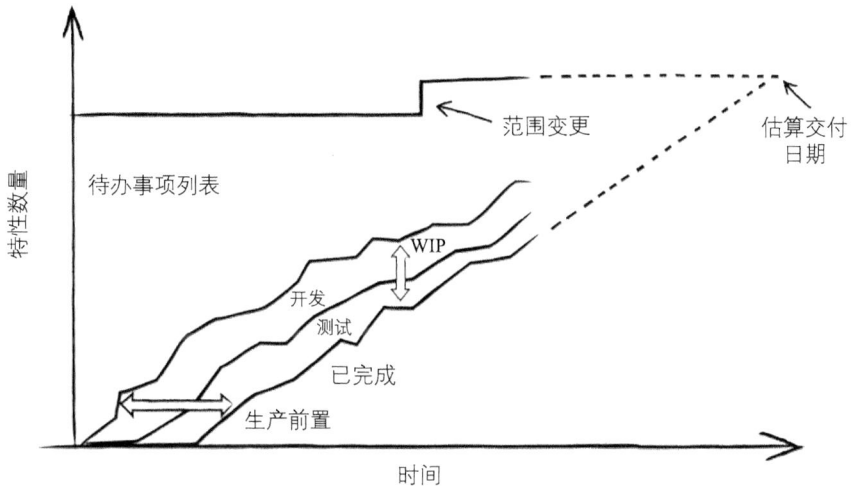

图 5.9　CFD

图 5.10 展示了两幅 CFD，说明两个系统之间存在差异：一个是价值流遭遇阻碍、前置时间延长的系统，另一个是价值流平稳流动、能快速交付的健康的系统。

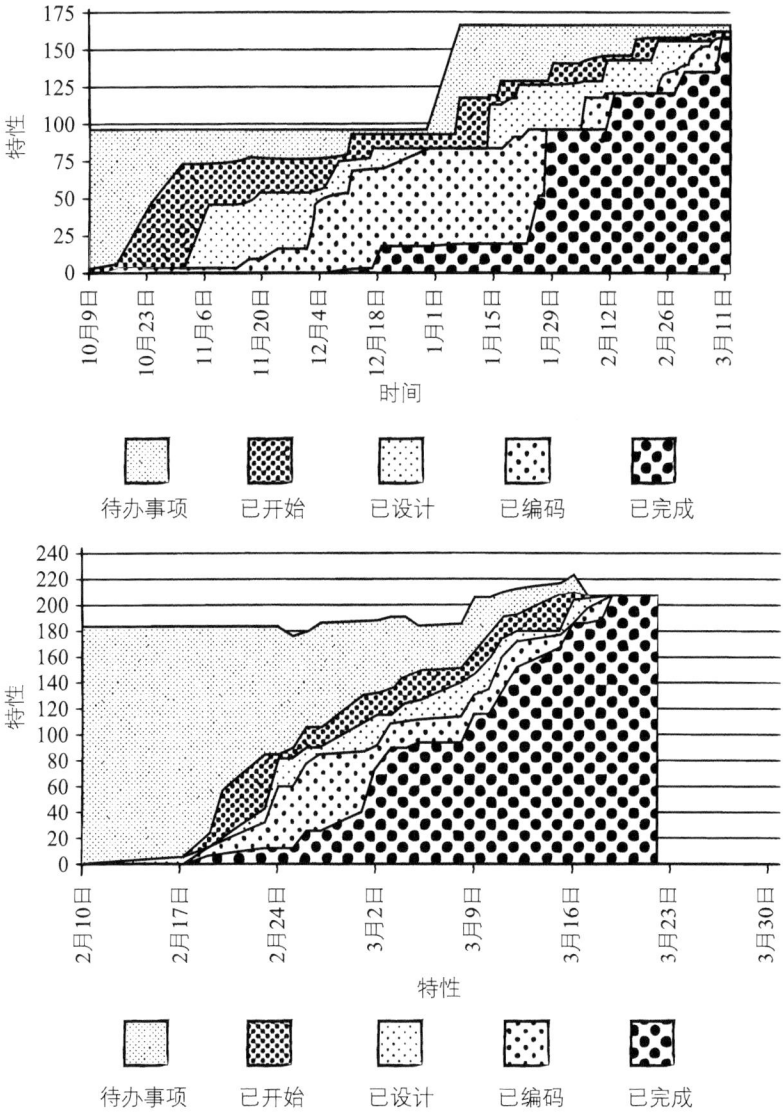

图 5.10　CFD 对比

持续学习和适应

只有持续学习和适应，才能使我们在动荡的商业环境中继续前行。

实现跟踪和监督技术能够使我们朝着更高的目标——业务敏捷前进。通过将 VMS 作为组织的传感器、知识创造和决策的工具，我们可以跟踪和管理项目集价值流，并通过不断学习和适应来推动业务敏捷。

│ 本章小结 │

从传统的"铁三角"过渡到"敏捷三角"，可以实现从项目到产品，从大批量工作到小批量工作，以及跟踪实际产品价值和成果的思维上的转变。VMS 使我们看到在价值流中如何实现交付。当价值流中的阻碍和延迟出现时，问题就会暴露出来。

VMO 可以在多个层级（包括团队层级和项目集层级）部署 VMS，以跟踪和监督项目集价值流。基于价值流的度量指标（如特性、缺陷、风险和债务）提供了价值在何处流动，以及在何处被阻碍或延迟的实况信息。

VMO 还可以通过使用类似 VMS 的精益和敏捷技术（而不是工业时代的工具）来跟踪和监督项目集价值流，从而推动组织持续学习，以适应业务敏捷。

尝试：测量开发和 MMP 的前置时间占总时间的百分比

尽管我们痴迷于产品开发和交付效率，但业务敏捷的主要障碍并不在于此，它们主要存在于业务端价值流的上游或部署的下游。

为了确定业务敏捷真正的瓶颈在哪里，我们首先需要确定开发的前置时间占端到端前置时间的百分比，然后再测量 MMP 的前置时间。试试看，你会大吃一惊。

第 6 章

优先级排序和 MMP 的选择

老话说得好："大象要一口一口吃。"这里所隐喻的是，当面对庞大而艰巨的任务时，我们需要改变思维方式，不要试图一次完成所有工作，而是要将其拆分为小块的工作，并组织整个工作流，以尽可能高效地交付这些小块工作。

许多组织在特性发布上采取"一刀切"的方法。我们试图在一次发布中推出项目的完整特性，但是由于我们一次做太多而不可避免地导致项目延迟，最终我们未能按时发布任何特性、未能向用户提供新功能，同时浪费了大量的时间和金钱。VMO 的一个主要目标是尽早且频繁地向客户发布有价值的特性，并利用这些发布逐步为组织带来商业价值。积累商业价值的形式有多种，包括增加收入、提高客户满意度、获得新客户、节约成本和留住客户。最重要的是，VMO 需要推动组织以更小批量单位进行项目的计划、交付和价值的测量。

VMO 还需要向领导者强调避免做非增值工作的巨大价值。例如，在最近的一次合作中，一位 C 级高管在最后一刻提出了一个重要的项目要求。按照以前的流程，团队对这类要求将毫不犹豫地立即着手实施，因为团队对这位高管的要求已经习以为常。在过去，这类要求经常需要团队成员完成更多的工作，导致当前工作的延迟，以及项目组合待办事项列表的拥挤。自从 VMO 主张将规范纳入工作流后，高管提出的需求被纳入了新的工作流中。首先，他们将项目分解为更小的交付成果，然后，他们对这些小的交付成果按加权最短工作优先（WSJF）的方法进行优先级排序，揭示了整个项目在收益上的不足。团队成员可以向这位高管说明该需求的价值相对较低、持续时间长且成本高，如果继续推进该需求，可能会挤占其他更有商业价值的工作。在提供客观数据后，这位高管意识到了问题，同意取消该需求，这个决定避免了数千小时工作的浪费。

这里基本的理念是将大型项目尽量拆分为小块——MMP，根据商业价值对 MMP 进行优先级排序，尽早且频繁地发布 MMP，然后从这些 MMP 的发布中持续学习，改进交付内容和交付方式。

对充分了解市场和客户的领导者来说，这种方法是非常直观且令人满意的。尤其在金融服务行业，许多企业迅速采纳并根据自身需求应用了这一理念。例如，在与我们合作的一家中型银行中，负责业务的高级副总裁带领业务部门将 MMP 分解为特性，然后对这些特性进行商业价值评估。也就是说，他们在特性层级上就预估了财务回报，并对其进行跟踪和监督，以验证其商业价值。

向计划、优先级排序、交付、跟踪和测量 MMP 倾斜是一个根本性的转变。接下来，我们将对这一转变进行详细介绍。

从交付项目到交付 MMP

为了使价值从组织内部快速流动到客户手中，团队交付的价值单元需要小而精。需求庞大、模糊的项目会使我们在计划和执行过程中面临巨大的挑战，比如，项目需求因太过复杂而难以被理解、设计、开发或测试，这往往导致成本超支、质量欠佳。正如我们在前文所指出的，更加敏捷的方法是对 MMP 进行频繁地发布。

MMP 代表有市场价值、可销售并且可交付的价值单元，对客户有足够的影响力。因为 MMP 足够小，所以我们可以快速进行交付和部署。VMO 可以驱动变革，即从以项目为中心交付整个项目的传统模式转向以产品为中心交付 MMP 的新的思维方式。VMO 应测量 MMP 的交付情况，通过使用 VMS 和价值流度量指标来推动 MMP 交付至客户手中，以便我们更快地为自己和客户创造商业价值。为了做到这一点，VMO 需要为组织就以下几个问题发挥领导力：

- 如何将大项目划分为较小的 MMP 进行交付；
- 如何在项目或产品中定义和识别 MMP；
- 如何将产生价值流的 MMP 与客户成果保持一致；
- 如何根据客户期望的成果选择对商业价值影响最大的 MMP；
- 如何通过可视化项目集看板系统驱动 MMP 价值流；
- 如何测量 MMP 的交付对客户的商业影响；
- 如何利用在 MMP 交付中所学到的知识，调整交付内容和交付方式。

明确 MMP 对组织意味着什么

关于 MMP、最小可行产品（MVP）和最小可行特性（MMF）等术语的定义，在细节上很容易让人困惑。这些定义对产品负责人或产品经理来说非常重要，因为它们在主题上略有不同，旨在解决不同产品的相关问题。记住这些术语的共同点很重要，VMO 领导者需要了解它们的共同点。它们都是小而精的、实用的，代表小组块的小特性，能够帮助用户即刻完成特定的任务。有些人可能会无休止地争论这些定义，但不要被这些争议所困扰。

正式将工作单元从项目改为 MMP

MMP 的概念之所以重要，是因为它从根本上改变了 VMO 的主要工作单元或重点。从传统意义上来讲，工作单元是项目，一切都与项目有关，包括范围、进度、预算和里程碑。但是以项目为单元将产生一个重大问题：客户对你的项目并不感兴趣。项目是一个由组织内部产生的概念，主要用作会计和财务批量处理机制。因此，对最终用户而言，项目工作本身没有任何意义。以项目为单元还会产生另一个重要问题：我们聚焦于项目的完成，往往将所有的价值交付移到项目交付之后进行。聚焦于项目交付会迫使我们进入未来完成项目时进行大规模发布的思维模式。虽然我们投入了大量的时间和金钱，而最后客户可能并没有从我们这里得到什么。如果我们想成为一个以客户为中心的组织，那么我们需要摆脱项目思维。

用户关心的是产品或服务的特性，并希望立即获得高质量的产品。通过将重点放在 MMP 或某个特性的发布上，我们将工作单元转变为价值交付，即对最终用户有价值的东西。这对客户来说非常有利，因为他们可以立即收获产品的某些特性，而不是等到未来收获。这还带来了一个额外的好处，即加快了我们取得商业收益的速度。如果更早地交付某个特性，我们就可以通过新增收入、节约成本、注册账户、降低风险、留存客户或其他方式获得这些特性的收益。通过尽早且频繁地交付，我们有机会更多地了解产品、过程和客户，并及早地做出必要的调整。

图 6.1 展示了敏捷模式如何通过早期的频繁交付来加速反馈循环。

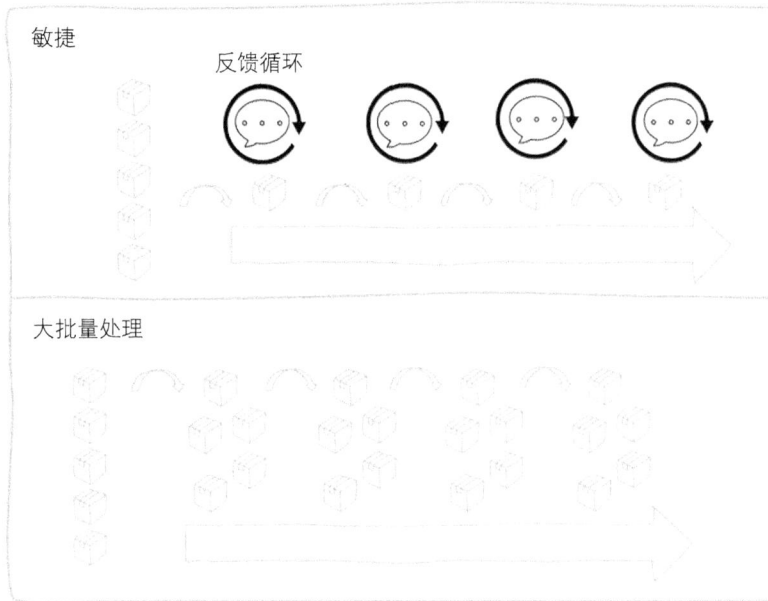

图 6.1　敏捷与大批量处理

为 MMP 的创建、优先级排序和选择设定流程和实施控制

作为 VMO 的领导者，为 MMP 的创建、优先级排序和选择设定流程和实施控制这项重要任务，不太可能由我们自己来完成。然而，这对产品负责人团队来说是至关重要的职责。给定任何一组与客户相关的商业目标，都有许多解决方案。理想情况下，我们希望提供几个备选方案，以确定哪个方案在成本、风险和回报方面表现最佳，以确定我们构建什么、何时构建，这可能是组织需要做的最重要的决策。如果对这个问题的回答是"我们想要全部"，那么我们可以确定我们将花费很多时间和金钱来交付价值。VMO 应该有明确的预期，甚至实施控制，为产品负责人提供明确的指导，即如何分解工作和交付更小的价值单元。例如，VMO 可以明确以下预期。

- 根据不同的客户群体，每季度、每月或每两周向最终用户交付特性。
- 发布并部署对最终用户和组织都有可测量价值的有用的特性。
- 产品负责人将负责确认多个 MMP 解决方案。
- 建立透明化流程，以确定未来选择哪些 MMP 进行发布。
- 对每个增量发布的商业效能的测量方法达成一致。
- 在 MMP 发布后的 30 天、60 天或 90 天内，收集有效数据，以确定发布的商业效能。

请记住，组织需要做出一系列关键决策来确定为哪个特性投入时间和资金。我们将花费大量的时间和资金，其结果将影响组织的财务状况，也将影响客户的收益。这些是重要的投资决策，领导者在做出这些决策时不应轻率。大多数组织在"如何构建"方面会投入更多的时间，而在确定"构建什么"方面却投入很少。其实，我们"构建什么"及"何时构建"对业务的影响会更大。

为最大化财务影响选择 MMP

研究过精益方法的人可能对尽可能消除批处理，以创建单件流有着很强的偏见。实际上，在这个过程中，我们确实需要进行一些批处理的工作。每个备选 MMP 在被单独评估并且不考虑竞争关系的情况下，可能看起来都是一个不错的投资。但在项目组合管理中，我们应该创建多个投资选项，再对这些选项加以权衡，以确保选择最稳健的投资。问题不是"这是不是一只好股票"，而是"我们有哪些备选方案""根据风险情况，哪个才是最佳投资"。在 IT 项目组合管理中，问题并不是"这是一个好项目吗"，因为几乎每个项目都会看起来是一个合理的投资。我们应该提出的问题是，"在已提出的项目需求中，从回报、风险和时间的角度来看，哪个才是最好的项目"。

在 MMP 层级也是如此。我们应该问，"我们有哪些 MMP 选项，哪个是最经济可行的"。为了做出理性的决策，我们需要将所有选项摆在桌面上进行权衡，只有找出获利最多的选项，我们才可以继续前进。大多数组织在评估每个项目或 MMP 时都没有将其与其他项目或 MMP 进行比较，只是试图确定它是不是一个好的投资，但这不是正确的方法。需求会不断涌现，每个单独的需求，无论项目还是 MMP，可能看起来都很值得做。因此，功能失调的组织通常会尝试回应所有需求，结果就会产生一个庞大的项目 WIP 组合，大量正在进行的项目工作在同时竞争有限的资源，从而导致支出太多、交付甚少。大多数组织犯的错误就在于批准了所有的需求，然后试图将它们全部塞进已经超负荷运转的组织系统中。正如我们在第 5 章中所探讨的，这类似于让更多的汽车行驶在高速公路上，如图 6.2 所示，我们确实充分利用了高速公路，但每个人的速度都很慢，没有人可以快速到达目的地！

图 6.2　拥挤的高速公路

　　处理这种问题的正确方法是建立一个工作评估周期，可以是每月或每季度，将所有的新需求呈现在组织成员面前，由其进行权衡和选择。我们需要评估在组织可投入的人力、资金和时间等关键因素方面，哪些需求的财务影响力最大。这将确保我们不会使组织超负荷运转，将有限的资源集中在最短时间内可以实现最大价值的工作上。这个过程通常被形象化为一种项目组合漏斗，如图 6.3 所示。

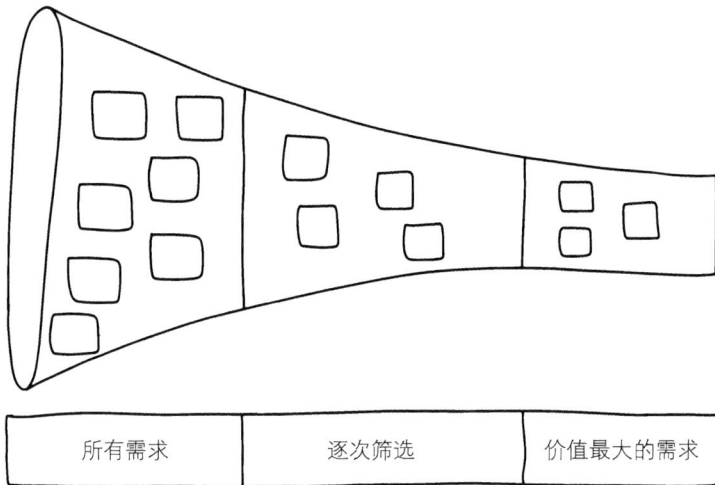

图 6.3　项目组合漏斗

　　我们希望投资能够快速获得回报。这不仅有利于组织，也有利于客户，因为强调速度意味着我们能够更快地为客户提供有价值的解决方案。关于如何测量投资回报率，许多组织采用了一种较为简单的方法，即计算一项工作投入能够带来的回报与工作投入成本之比。这固然没错，但它忽略了现代金融中一个非常重要的概念：货币时间价值，如图 6.4 所示。

复利

图 6.4　货币时间价值

确保货币时间价值是一个重要考量

　　大多数组织在做项目投资决策时并未考虑货币时间价值，尽管这是现代金融中最基本的概念之一。货币时间价值的本质是"今天的 1 美元比明天的 1 美元更有价值"。为什么我们今天拥有的 1 美元更有价值，至少有以下三个原因。

- 我们可以将手里现有的这笔钱投资到其他能进一步提升我们竞争力的项目中。

- 我们现在拥有的这笔钱不会因未来的通货膨胀而贬值。

- 我们现在拥有的这笔钱，它是落袋为安的。没人知道将来我们是否能拿到别人承诺给我们的钱。

　　未来到手的钱会失去一部分价值，通货膨胀会在我们得到这笔钱时使这笔钱变得不那么有价值，而且没人知道我们是否会得到这笔钱，我们还失去了将这笔钱再投资赚取复利的机会。这是基本的金融常识，但大多数组织并未对其项目投资的回报时间给予足够的重视。如果组织考虑了回收期，以年为单位，那么这种时间框架在 20 世纪可能是恰当的，但是现在，人们对速度的期望值非常高，这种时间框架已经不再适用。

　　我们需要考虑以下三种情况。

- 大型瀑布项目需要很长时间才能完成，且通常超出计划时间。
- 许多组织一开始就开展高风险的大型项目，这直接导致了项目的失败。
- 即使有些项目并未失败，但在实现其商业目标方面也表现不佳。

　　基于这些原因，传统的交付方法具有很高的财务风险。若我们能够尽早证明投资项目的收益回报，那么这些风险便可以降低。我们应选择那些能够尽快产生正向收益的投资。

　　通过尽早交付，我们会收获许多积极的反馈：

- 我们开始预判领导者和团队成员是否有能力交付；
- 我们开始测试产品，判断用户是否接受并使用它；
- 我们开始审查交付流程，评估是否需要改进流程；
- 我们开始检验之前制定的决策和搭建的架构；
- 我们开始获得投资回报；
- 我们开始让部分客户满意。

　　我们可以根据这些反馈来进行调整，以便尽早发现风险并找到降低风险的方法。若要降低风险，最好的方法可能就是证明投资项目能在短期内实现盈利。

为了选择正确的投资项目，我们需要比较每个需求的货币时间价值，并选择有潜力在最短时间内获得最大回报的项目，这意味着我们需要估算需要多少时间部署功能、需要多少成本，以及业务成果是什么。

考虑估算的弱点

尽管我们在交付产品方面做得很好，但几乎在所有行业中，项目团队和产品团队在成本估算和时间估算方面都做得非常糟糕。除此之外，他们在估算项目、产品或发布所产生的预期商业价值方面表现得更糟糕。如果投资回报率是业务回报与投资金额之比，而我们在测量两者方面都不擅长，那么我们如何能够做出合理的投资决策呢？为了测量货币时间价值，我们不仅需要测量投资回报率，还需要估算预期回报所需的时间。如果我们不能充分测量成本、收益和实现成果所需的时间，我们又如何能够做出合理的投资决策呢？

大多数组织使用实际投入成本和工作日时间来进行严格的估算，以便做出决策，这样的估算偏差可能会高达百分之几百。也许有更好的估算方法，详细的估算可能并不是必要的。请记住，我们的目标是在所有项目需求中选择最佳的投资项。这意味着我们只需要比较这些选项并做出最佳选择就好，可能并不需要追求绝对的数量。

更少交付，更多价值

在敏捷咨询和培训实践中，我们经常要求客户去评估在他们生产的软件中，很少被使用或根本不被使用的特性有多少。结果令人震惊，软件中有 40% ~ 70% 的特性从未被使用或很少被使用，这是浪费时间和金钱的重要源头。**让组织更快交付且减少花费的最佳方法是避免创建客户不常使用或根本不会使用的特性。**只要不在构建这些特性上投入时间和金钱，我们就可以投入更多的时间和精力来构建客户真正需要的特性。节省下来的时间和金钱，我们就可以用来提升产品质量，使产品变得更好。

挖掘客户真正可能使用的特性并不是一项简单的任务，他们会说他们想要所有特性，但实际使用时，却往往不是这样。好在有些工具和方法可以帮助我们发现客户真正看重的特性。

使用 WSJF 方法进行优先级排序

唐纳德·莱纳特森（Donald Reinertsen）在他的著作《产品开发流原理》（*Principles of Product Development Flow*）中推广了 WSJF 方法，现在这种方法已被广泛接受和实践。我们应该对投资选项进行比较，根据两个因素选择表现最优的选项：一是正面收益（或延期成本），二是投资的规模或成本。这是一种简单的考量货币时间价值的方法。

理解 WSJF 公式

WSJF 公式可能看起来比较难，但实际上非常简单。我们可以运用该公式将每个投资选项在多个不同因素上进行比较。所有因素都将用于权衡投资选项，而最终权重最大的投资选项就是"财务赢家"。之所以是财务赢家，是因为它在最短的时间内能产生最大的价值。WSJF 方法中有五个关键因素可以帮助你决定哪个投资选项能够在最短的时间内产生最大的影响。

- **商业价值**：在交付商业价值方面，这个 MMP 与其他 MMP 相比如何？
- **时间关键性**：与其他 MMP 相比，在特定时间内完成这个特定的 MMP 有多重要？例如，在纳税季，这个 MMP 可能需要在某些功能上符合法规要求。
- **风险降低**：在降低风险方面，这个 MMP 与其他 MMP 相比如何？
- **机会开启**：在创造新机会或为组织开启新领域方面，这个 MMP 与其他 MMP 相比如何？
- **作业规模**：与其他被评估的 MMP 相比，这个 MMP 的作业规模有多大或多复杂？这反映了 MMP 的时间和成本。

将所有这些因素综合起来，可以得到如图 6.5 所示的 WSJF 公式。

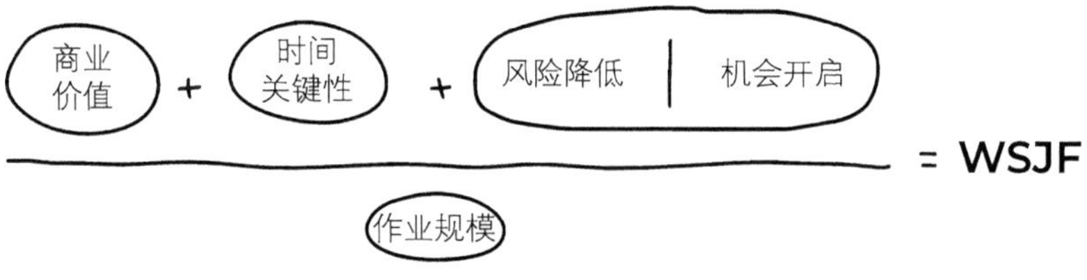

图 6.5　WSJF 公式

确保评分是一项集体活动

评分是一项集体活动，需涵盖不同视角的多个观点。这一点很重要，不要让某个人独自完成 WSJF 评分，这不是一个由项目经理或产品经理独自进行的活动。为了对比多个 MMP，我们需要从多个视角来讨论，并达成一致的商业价值评分标准。我们需要在商业价值、时间关键性和机会开启方面提供业务输入，还需要高级技术人员对每个 MMP 的风险和作业规模进行评估。这些决策的制定过程应该是透明的。请记住，决定构建什么、以什么样的顺序去构建，这可能是组织做出的最重要的决策。做出决策是项目组合管理的职能，VMO 团队需要参与其中。这不是组织临时做出的决策，不应该由等级或职位所主导，而应该由代表多个观点的项目投资组合委员会对商业价值做出合理的判断。

生成 WSJF 数据

如何使用系统来给 MMP 评分？我们可能不需要估算时间或收益就能做出良好的经济决策。我们可以使用一个简单的点数系统来进行比较，而不用猜测实际的时间和收益。换句话说，我们不需要估算出投资选项 A 会产生 500 万美元的收益，需要 12 个月才能实现，成本为 200 万美元。我们只需要知道投资选项 A 可能在更短的时间内产生比投资选项 B 更多的收益即可。通过系统地比较和排名，我们可以得出最佳的投资选项，而无需估算它们实际会花费多少成本或需要多长时间。

一次性为 MMP 给出所有评分会使我们忽略我们的初衷：对投资选项进行比较，以找到最佳投资选项。

在图 6.6 中，我们不知道也不需要知道"延期成本"的权重，我们只需要知道它的权重超过了"投资成本"即可，这足以让我们继续前进。

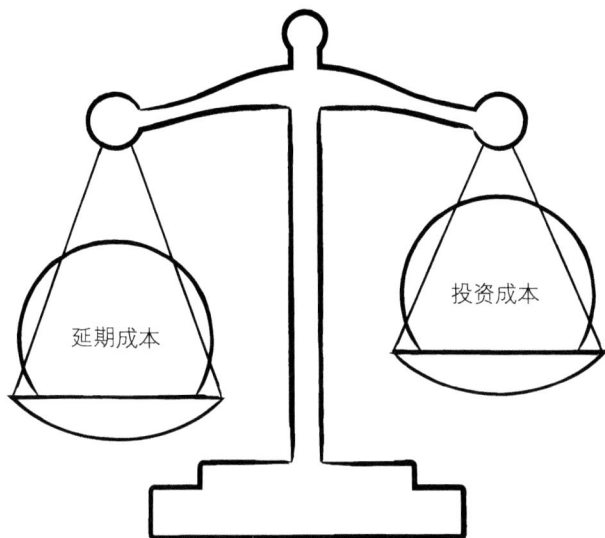

图 6.6　比较估算

我们要做的是列出所有投资选项，找出商业价值最低的选项，并给该选项打 1 分。我们可以采用斐波那契数列，以最低值为基线去估算其他 MMP 选项的商业价值。如果我们认为其他选项的商业价值会是最低价值的两倍或三倍，那么可以给该选项打 2 分或 3 分。以此类推，直到完成对所有 MMP 选项的商业价值的评分。

接下来，我们转到下一列，选择时间紧迫性最低的 MMP，并给其时间紧迫性因素打 1 分。也许有些 MMP 的时间紧迫性很强，甚至必须在某个日期之前投入使用，那么我们可以给这些 MMP 打 8 分。

我们先将单个 MMP 的商业价值与其他 MMP 进行比较后再打分，然后进入下一列，对不同投资选项的时间关键性进行比较，接下来我们再对不同投资选项的风险降低或机会开启进行比较，最后我们对不同投资选项的作业规模进行比较，如图 6.7 所示。

对比此列 再对比此列

单位：分

投资选项	商业价值	时间关键性	……
MMP 1	2		
MMP 2	5		
MMP 3	1		
MMP 4	8		
MMP 5	2		

图 6.7 不同 MMP 的比较

例如，假设我们有六个投资机会。在传统模式下，我们可能倾向于同时启动所有的投资项目，因为它们可能都很重要。然而，在新的模式中，我们要避免因为在高速公路上行驶太多汽车而使速度减缓的情况发生。我们可以通过比较来选择在最短时间内产生最大投资回报的选项，如表 6.1 所示。

表 6.1 完整的 WSJF 评分表

单位：分

特性	商业价值	时间关键性	风险降低 / 机会开启	作业规模
身份验证	3	2	5	3
授权批准	3	3	5	5
用户资料管理	2	1	1	2
交易管理	8	13	2	8
报告	1	1	3	3
审计	2	2	8	1

使用 WSJF 公式为 MMP 打分

我们将表 6.1 中的评分放入 WSJF 公式中，可以得到如表 6.2 所示的得分。WSJF 的计算公式如下：

WSJF=（商业价值 + 时间关键性 + 风险降低 / 机会开启）÷ 作业规模

表 6.2　WSJF 评分及排名

特性	商业价值	时间关键性	风险降低 / 机会开启	作业规模	WSJF 得分	排名
身份验证	3	2	5	3	3.33	2
授权批准	3	3	5	5	2.20	4
用户资料管理	2	1	1	2	2.00	5
交易管理	8	13	2	8	2.88	3
报告	1	1	3	3	1.67	6
审计	2	2	8	1	12.00	1

计算每个 MMP 的 WSJF 值，得分最高的 MMP 获胜。它之所以能够获胜，是因为它似乎可以在最短时间内产生最大商业价值和启动机会，同时也是风险最低的 MMP。得分最高的 MMP 是我们对"财务赢家"的最佳预测，我们理应首先尝试做这个项目。从时间价值的角度来看，它在最短的时间内产生了最大的正面收益。

表 6.2 是一个已完成的 WSJF 评分及其排名的示例。在这个案例中，获胜选项"审计"的 WSJF 得分是 12.00 分，很明显，它是"财务赢家"。"身份验证"是下一个表现最好的投资选项，得分最低的选项是"报告"。

商业价值最高的需求并不能总胜出

活跃在敏捷社区的人们，可能已经被教导过要按照商业价值的大小对产品待办事项列表进行优先级排序，并首先处理商业价值最高的项目。然而，这种方法缺少现代金融中一个关键概念——货币时间价值，WSJF 方法引入了这一概念。在表 6.2 的例子中，尽管"审计"选项的商业价值得分（2 分）较低，但最终的 WSJF 得分为 12.00 分，从而胜出。它之所以能够胜出，是因为它的"风险降低 / 机会开启"得分（8 分）很高，"作业规模"得分（1 分）非常低。这个 MMP 在很短的时间内就产生了大量的收益，因此我们应该优先考虑做这个项目。

交付 MMP 并持续学习

作为一个团队，我们使用公开、透明化的流程来做出最佳的投资决策，VMO 应该对 MMP 进行优先级排序。当 MMP 得到了必要的关注时，便能迅速通过敏捷交付过程进入生产，从而为客户和组织创造价值。与此同时，我们可以利用来自客户、销售、服务台及其他渠道的数据，对下一步的交付成果和交付方式进行改进。

|本章小结|

在大多数组织中，无论在项目层级还是在个人需求层级，投资决策都是孤立进行的。我们在看每个单独的项目时，都在试图确定它是不是一个好的投资项目；我们在看每个单独的需求时，都在试图确定它是不是一个好的需求。

结果是几乎所有的需求都被认为是好的，这导致大规模的组织级的 WIP 产生。大多数组织都在同时开展多个项目，试图同时处理多个项目的多个需求。结果是产生了大量的支出，交付速度缓慢，交付的商业价值很低，还产生了许多实际上从未被使用的特性，它们对最终用户没有任何价值。

VMO 的关键职责之一是制止这种经济失控的行为，并且基于商业价值进行优先级排序。

通过 VMO，我们可以将聚焦单元从项目转向 MMP，在项目以下层级进行管理，对大型工作进行部署并将其分解为较小的可交付的 MMP。

在项目层级、MMP 层级或特性层级的需求需要被权衡。许多需求的投入是得不偿失的，其成本远远超过它们所带来的价值。我们可以使用 WSJF 方法找到在最短时间内产生最大价值的 MMP，并对它们进行优先级排序。

WSJF 是一种不错的方法，可以帮助组织简单、快速地确定需求所能产生的商业价值，以便组织可以专注于在最短时间内产生最大价值的工作。这种方法是基于现代金融中一个关键概念——货币时间价值产生的。

尝试：限制 WIP

一个简单、快速启动 MMP 的方法是将 WIP 限制在几个 MMP 上，以便为客户和组织创造价值。一旦实现 MMP 的交付，我们就可以使用生产数据来评估它们的绩效，以便改进未来 MMP 的优先级排序和交付。

第 7 章

资金和治理策略的演进

我们有幸参与过一些诸如在航空航天、国防、高等教育、大型金融系统和全球物流等领域的大规模且有重大影响的传统瀑布型项目。过去的 20 年里，在帮助众多公司进行敏捷转型时，我们观察到了一些公司的组织模式和行为模式。其中一种典型的模式是，组织需要变革，高级管理层已经认可并批准变革，但公司员工对于变革仍然很抵触。举个例子，当组织开始朝敏捷方法迈出第一步时，我们经常听到这样的说辞："虽然……但是我们采用瀑布模式取得了很多成功！多年来，我们交付了许多项目，结果都非常出色，甚至有些项目取得了巨大的成功。"对许多组织而言，这可能是真实发生的。如果使用传统方法不能取得商业上的成功，那么这些项目早就不存在了。然而，这并不是组织维持现状、拒绝转型的理由。

如果想深入探究组织的持续改进，我们可能会问：我们能做得更好吗？有多少项目真正获利？对于成功的项目，它们可以更加成功吗？假设在一个项目上我们投入了 1000 万美元，并取得了非常好的商业结果，那么我们怎么知道，只花一半的钱，只交付一半的特性（因为只有很少的功能经常被使用），并且速度快一倍，就不能实现相似的商业结果呢？对于那些不太成功的项目，我们是否可以更早地发现走错了方向？是否可以调整优先级事项、特性和方法，更好地去适应市场的反馈？是否可以扭转其中一些项目的局面，以避免更大的损失？

本章将会探讨并解答这些问题。

预算、可预测性和成果

传统的资金投入方法主要是由严格的年度预算编制过程决定的。正如我们在前面的章节中所探讨的，年度财务计划工作从当前财年的最后一个季度开始，为接下来的一年做准备。业务部门经理与财务和会计部门的同事合作数周，生成的预算往往与前一年相似。这种计划锁定了整个年度的资金使用范围、时间框架和预算，希望以此创造可预测的财务成果。但实际上，财务成果几乎不能被预测。组织也很难完成初始的进度计划，而且经常出现重大的预算超支。

常见的传统方法包含了非敏捷元素，如年度预算和资金投入、年度战略、详细的前期需求和成本估算。这些传统的资金投入和治理模式限制了组织的敏捷性、灵活性，减缓了组织的响应速度。这些方法通常是为了实现预算和进度的可预测性而实施的，然而，鉴于大量的预算超支和进度滞后，可以肯定地说，这些方法无论其意图如何，从结果上来看，都不是很有效。

VMO 与其他部门一样，希望实现一定程度的可预测性，但我们所追求的可预测性是以成果为导向，而不是以输出为导向的。VMO 试图在一个近期的时间范围内，利用一定的预算实现可测量的业务成果。相较于过去复杂且僵化的方法，VMO 在更高层级上运作，可以更快地对预算进行评审、批准和调整。

在全美互惠保险公司的案例中，VMO 协助其数字营销团队从项目模式转向产品模式。VMO 协助建立端到端的敏捷团队，团队中设有业务代表。VMO 要求敏捷团队与客户的经验保持一致。VMO 向高管层提出建议，为敏捷团队提供固定资金，这是迈向全面产品模式的第一步。尽管新的组织结构仍然服务于项目，但 VMO 对团队和资金模式的调整加速了价值交付，并在业务成果方面创造了更高的可预测性。

VMO 通过灵活性来寻求可预测的业务成果。VMO 需要与项目组合管理者、财务管理者合作，演进出一个新的资金投入模式和治理模式，以灵活地实现预期业务成果，同时保持强大的财务治理能力。VMO 需要引领组织保持资金投入模式的灵活性，我们将在下一节对此进行详细介绍。

灵活的资金投入

根据业务敏捷协会《2019 年业务敏捷报告》，组织的业务敏捷有三个明确的预测因素：灵活的资金投入模式、围绕价值流工作的组织、对持续改进的追求。关于价值流管理和创建持续改进的文化，人们已经探讨了很多，但在如何转向更灵活的资金投入方面探讨得较少，尤其是具有悠久历史的大型公司。

虽然年度预算中的计划比较精确，但结果往往并非如此。即使我们交付了大多数需求，业务成果也未达到预期水平。可悲的是，使用传统项目管理方法的组织往往太过专注于交付项目，只测量范围、进度和预算，但实际上并没有真正测量业务成果。只关注组织内部的项目管理，往往会使组织减少对客户需求的关注，进而逐渐丧失竞争力。

传统项目管理模式存在三个主要缺陷，大多数公司是因为这三个缺陷而浪费了大量的时间和金钱。第一个缺陷是组织默认我们可以提前准确地了解客户会使用哪些特性。第二个缺陷是组织默认我们了解经济学，了解新特性对客户的价值有多少。第三个缺陷是组织默认我们可以准确地预估构建特性所需的时间和花费。即使是世界上最先进的产品开发组织，也有过重大的失败经历，案例如下：

- 苹果 Newton；

- 苹果 Lisa；

- 苹果 eMate；

- 亚马逊 Fire Phone；

- 谷歌 Nexus；

- 谷歌 Plus；

- 谷歌 Inbox；

- 谷歌 Picasa；

- 微软 Phone；

- 微软 Zune；

- 微软 Windows Me；

- 微软 Cortana。

如果世界上最富有、最成功、经验最丰富的企业都不能准确地预测消费者看重什么，不能准确地预测由此产生的业务收益是多少，那么想要通过使用长期、线性、过时的瀑布式资金投入模式来取得成功是很荒谬的。

创建一个能快速开发、部署、学习和调整的环境，关键是选择更多更加灵活的方法，以便成功地迭代解决方案。我们需要在满足用户需求方面取得成功，在内部支出方面取得成功，也需要在实现业务目标方面取得成功。根据我们的经验，通常情况下，我们可以通过对工作进行变更，以较少的资金和时间投入取得较多的业务成果，而不是仅按照计划推进工作。

VMO 可以在瀑布模式成功的基础上演进一种新的资金投入模式和治理模式。VMO 可以采用以下几种方法：

- 为价值流提供固定资金；
- 更频繁地制定战略；
- 在特性层级进行变现；
- 设计一种固定的成本模式；
- 将业务成果作为关键的治理控制；
- 使用精益商业论证；
- 要求频繁交付并测量增量业务成果；
- 认识到新模式的本质是关乎货币时间价值的。

案例研究：海尔的价值流管理方法

海尔集团是全球最大的家电制造商之一，拥有超过 76 000 名员工。它获得了 2018—2019 年全球智能家电品牌前 10 名和 2018—2019 年全球消费电子品牌前 50 名的荣誉。

海尔利用价值流结构将自己组织成一些可以自管理的微型企业。这些微型企业拥有决策、设计和交付新产品及服务所需的所有职责，能够以比传统组织更快的速度和更少的阻力将成果交付给客户。在这种模式下，价值流中的每位员工都能够更接近客户，每家微型企业都以客户价值交付为衡量标准。每家微型企业都从五个方面进行评估：客户价值、利润、收入、成本和边际收入，它们还要找出将客户转化为终身用户的方法。这与衡量每个部门是否达成职能目标的传统组织有着明显的区别。

海尔有一套明确的目标，旨在支持价值流的结构。这些目标如下：

- 在微型企业和其客户之间创造零距离；
- 去中心化，将每位员工、每个创业团队都与客户连接起来；
- 使组织扁平化，将资源分布到整个组织，而不是集中控制。

通过追求这些目标，价值流被开启并实现赋能，因此，海尔能更接近客户。

海尔通过对 MMP 的构建和灵活的资金投入来促使价值流快速实现目标。例如，海尔举办"创意大赛"，员工被分为几个小组，创建和开发具有高潜力的创意产品。高管层担任评审员，通过提问、反馈和评估创意来加以评判。大赛形式会根据组织的情况进行灵活调整。海尔通过小规模的试点研究和行动计划，使它的微型企业能够迅速发现价值，并向客户交付价值。

海尔的治理模式是以成果为导向的。海尔监督业务成果，制定度量指标，如转化为客户的数量、用户交易次数和平均交易价值。海尔还制定非财务指标，如互动用户、活跃用户、终身用户，这些指标有助于讲述微型企业在交付长期价值方面的故事。现在，海尔内部已不再是"成本之争"或"预算之争"，而是通过提供价值来开展"价值之战"。

这套管理系统可以带来的好处如下：

- 在预期绩效范围内将决策权去中心化；

- 鼓励客户从一次性购买者转变为长期用户；

- 激发为用户提供新产品和服务的创意，确保与客户的持续互动，从而
  为客户和海尔带来价值。

海尔是世界上最成功且最有影响力的组织之一。通过将价值管理作为其管理体系的核心，海尔取得了成功。

为价值流提供固定资金

长期以来，精益社区一直倡导为价值流提供资金，而不是只为交易型项目提供资金。因为大多数组织都有长期稳定的业务流程，如账单、账户管理、销售、会计、人力资源等，这些职能一直存在，它们相对稳定且需要得到长期支持。因此，与其为分散的、交易型的项目提供资金，不如为稳定的、支持型的职能工作提供资金预算。

在该模式中，我们愿意在今年的三个产品线上花费 2500 万美元，还会在人力资源、会计等共享系统上花费 500 万美元。那么，我们只需要用几分钟的时间就可以完成大多数组织从今年 9 月至明年 1 月所做的事。我们可以通过采取自上而下而非传统的自下而上的方法来做到这一点。但是，我们如何得出准确的预算呢？这里有一个小秘密：每年的预算往往不会发生太大变化。在过去20 年的咨询工作中，我们看到，明年特定部门或特定职能的预算往往与去年的预算非常相似。大多数组织会通过数月苛刻的审批流程来证明保留目前员工

的必要性，这样做是非常浪费的。

如果组织愿意从预算中支出 2500 万美元用于三个产品线的产品开发，那么我们可以为这笔资金投入设定预期的业务成果，这些业务成果将成为我们治理模式、控制模式及业务敏捷的关键。在实现了一组预期的业务成果之后，我们可以去设计有助于实现业务目标的特性、能力和 MMP。由于我们承诺的是一种成果，而不是一组预定义的特性，因此，我们可以让这些特性灵活地满足市场需求的变化。作为治理模式的一部分，我们希望看到透明度月度报告，它包括以下指标：

- 交付的功能；
- 根据预期的业务目标来测量业务成果；
- 当前预算支出的百分比；
- 下一个发布的目标和时间；
- 下一组要交付的特性。

在这样的模式里，产品管理人员的职责是清晰的，并拥有一定的自主权。该模式下，预算是固定的，我们不会因为在给定的时间和资金下无法交付客户所需的特性而追加资金的投入。之所以不这样做，是因为我们不受一组固定需求的限制。如果因为时间或资金限制使我们无法交付某个特性，那么我们会改变这个需求，将其拆分、简化甚至放弃，因为它的成本太高了。这样做的目的是对某项特性的成本投入与其带来的商业价值进行对比分析，以避免成本超支。产品管理团队通过适当的权衡，避免了流程开销的浪费。迈出这个方向的第一步是更频繁地制定战略。

更频繁地制定战略

我们将工作重点从范围转移到可测量的业务成果上，这些预期的业务成果来自 VMO。VMO 与高级领导层、产品管理部门合作，制定与组织战略一致的季度战略目标，然后根据这些目标对工作进行优先级排序。VMO 可以协助通过制订情景计划来设定战略目标，并使用 OKR 来进行评估。举例如下。

目标：创建有效且高效的内部流程，使我们能够向客户提供世界级的服务。

关键结果：

- 通过将销售处理成本降低 15% 来改善财务状况；
- 将客户销售反馈评分提高 10%。

VMO 通过与产品管理部门紧密合作，可以发现、选择我们认为能够实现可测量目标的 MMP，并对其进行排序。通过实施治理步骤，领导层可以跟踪已选定的 MMP、部署情况及中期业务成果。由此可以判断我们是否朝着预期的业务成果实现的方向在前进。

一旦我们定义了 OKR 并选定了 MMP，就会在更详细的特性层级上执行下一个层级的资金准则。

在特性层级实现变现

为了做出必要的权衡与决策，以固定的成本实现业务目标，我们需要更好地了解正在构建的特性的经济性。如果某些特性价值高、成本低，那么它们就是"经济赢家"；如果某些特性价值低、成本高，那么它们则是"经济输家"。为了实现业务目标，我们需要找到"经济输家"，并尽力不去构建它们，或者找到使它们更具经济性的可行方法。这就是我们所说的在特性层级实现变现。

客户和一些领导者经常持有"我想要一切"的心态，结果就是团队投入了大量的时间和金钱来构建太多后来被证明是"经济输家"的特性。如果将"经济输家"的特性与"经济赢家"的特性打包到同一个项目中去，那么我们便失去了对经济价值的洞察力。鉴于在估算时间、成本和业务成果方面的不足，我们该如何理解特性层面的经济性呢？

事实上，要预测"经济赢家"或"经济输家"是极其困难的，我们需要采用快速试验和快速检验假设的方法，用快速且相对简单的方法来得出合理的近似值。

通过完成 WSJF 估算，我们对哪些特性最有可能成为"经济赢家"或"经济输家"有了清晰的了解。产品管理团队应该认真考虑如何对特性进行优先级排序，以最大程度地实现经济价值。一旦我们解决了优先级排序问题，就需要解决财务方面的问题了。

资金问题怎么解决

WSJF 技术不涉及美元和时间，它是基于斐波那契数列来进行标准的敏捷估算的。通常情况下，WSJF 技术会帮助我们做出明智的决策。我们该如何控制实际成本呢？有些组织可能无法基于"有效"和"高效"的概念来证明财务支出的合理性。

聚焦于经济价值，而不仅是成本

我们经常看到组织投入大量的时间和精力来确定项目的精确成本，但并没有以同等的投入来确定项目的价值，这样做是荒谬的。通常情况是，那些看不清的、模糊的、没有增长的业务上行指标及增长预测，其财务收益在几年内都是无法实现的。

投资回报率（ROI）是用净利润除以投资成本得到的结果，如图 7.1 所示。我们在确定投资成本（分母）上付出了巨大的努力，但对净利润（分子）却不清楚。当我们用模糊的净利润除以精确的投资成本时，会得到什么？当然是一个模糊的 ROI。所以，我们大多数投资决策都是模糊的。为什么要投入大量的时间和精力来确定投资成本呢？这样做只会减缓我们的速度，最终产生一个看似完美却模糊的商业论证结果。

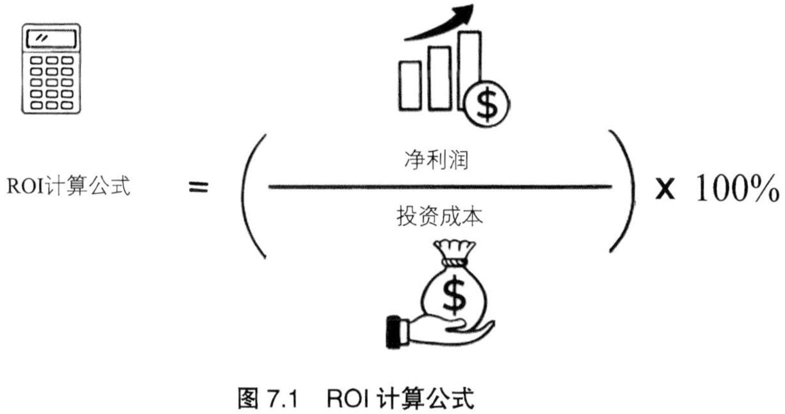

图 7.1　ROI 计算公式

花费大笔资金往往不是因为其在经济效益上的合理性，而是因为某个重要的干系人需要某些特性。此外，由于财务计划周期很长，所以我们会用"我们没有时间"或"我们了解业务和客户的需要"来证明我们在预测盈利方面缺乏严谨性是合理的。根据以往的经验，我们应该更加聚焦于工作的价值、工作的目的，以及我们将如何测量业务成果。通常情况下，我们的关注点都在 ROI 中的"I"，而对"R"的关注度远远不够，这会使我们做出糟糕的投资决策，占用巨额资金和原本有限的资源，最终只能生产出中等水平的业务成果。尽管如此，在大多数组织中，还是会有人坚持要求看到一个精确的成本数字。

如何估算成本

通常情况下，我们使用自下而上的估算方法来得出成本，即开发相对详细的需求，估算完成这些需求所需的成本，然后把这些成本固定下来，对需求、资金和时间进行估算。这样一来，我们便失去了灵活性，而且，开发详细的需求、估算详细的成本会花费很多时间，通常需要花费数月的时间。

过程改进人员需要将更多的关注点放在前期过程的改进上，如预算编制、批准和资金拨款，从而加快端到端的交付过程。这些前期过程往往与交付过程的时间一样长，甚至更长。

在灵活的资金投入模式中，我们不会事先开发或估算详细的需求。如果我们不知道将要交付什么，那么又如何能估算所需的投资额呢？我们会自上而下进行估算，而不是自下而上。通常情况下，我们会设定一个预算，产品负责人会在预算范围内推进工作。

自上而下的估算

在自上而下的估算方法中，我们可以从期望实现的财务目标出发进行商业论证。也许我们的业务目标是在某个时间范围内将某个功能的成本降低 500 万美元。

下一步是进行粗略的预算，以适应组织内部的财务 ROI。为了证明这项投资是值得的，我们愿意花费 300 万美元来节约 500 万美元的成本。采用这种方法可以使我们在不投入大量的时间、金钱来开发和估算详细需求的情况下获得所需的投资。

如何判断能否可以在预算内实现预期的结果？我们可能需要快速评估一些关键的高层级的需求，但是不要锁定这些需求。实际的需求 / 解决方案会不断演变，我们可以在了解更多情况后更新商业论证。

我们提出的需求和估算只是一种测量标准，并不是一个命令或一份合约。合同约定的是成果、总预算和时间。我们会灵活地调整需求的具体内容，以便找到最具影响力和最具经济效益的解决方案。

现在，我们需要根据预算方案为预期的结果估算高层级的需求。在不了解需求细节的情况下，我们该如何做呢？以小时为单位估算需求，非常耗时且容易出错。虽然这种估算方法看似可以得到精确的结果，但其实估算结果往往并不准确，而且偏差很大。有些更快速、更简便的替代方法，如果我们谨慎使用，估算结果可能会更加准确。有了自上而下的估算后，现在我们可以为敏捷团队设计一种固定的成本模式了。

为敏捷团队设计一种固定的成本模式

敏捷团队是跨职能的，团队成员一起工作数年，因此学会了如何协同工作。敏捷团队具有可预测的生产力。从对成本和时间的估算的角度来看，这会带来巨大的影响。请想象下面的情景。

- 一个由 10 人组成的敏捷团队，包括开发人员、测试人员、分析师、数据库人员和 Scrum Master。
- 有些人薪水较高，有些人薪水较低，但平均每人每小时的综合成本是 150 美元。
- 每个冲刺周期为两周，即 80 小时。

在这个示例中，每个冲刺周期的团队成本是 12 万美元（10 人 ×150 美元 ×80 小时）。这里有两个重要信息：成本和时间框架。工作以两周为一个冲刺周期来进行，每两周冲刺的团队成本为 12 万美元，如图 7.2 所示。

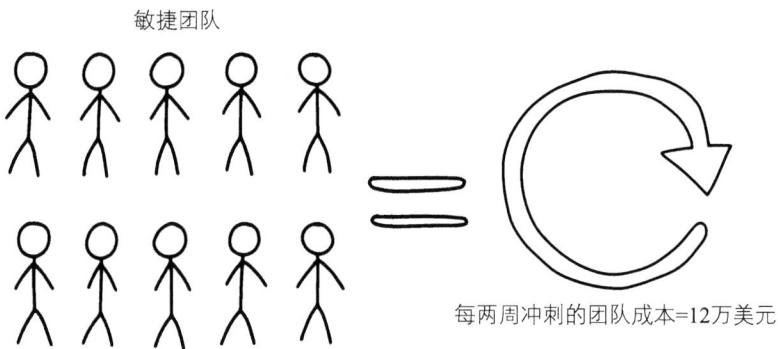

敏捷团队

每两周冲刺的团队成本=12万美元

图 7.2　每个冲刺的团队成本

在估算工作时，我们要避免制作包含大量信息（如人员、职位、劳动类别、速度、分配百分比等）的庞大的电子表格。相反，我们要通过团队冲刺来估算。例如，我们可能会得出一个粗略的估算，需要 2 个敏捷团队和 10 个冲刺周期（误差为正负 2 个冲刺周期）来完成某项工作。

成本： 2 个团队 ×10 个冲刺周期 × 每个冲刺周期的成本 12 万美元 =240 万美元。

时间： 10 个冲刺周期 × 每个冲刺周期 2 周 = 20 周。

偏差：2 个冲刺周期，意味着存在 4 周的时间偏差和高达 48 万美元的成本偏差。

现在，我们已经有了明确的业务成果、成本、时间框架。这种估算方法快速且简单。当我们将这种方法运用到早期交付中时，这些实践会给我们带来两个巨大的好处：第一个好处是我们可以迅速看到团队能够完成多少业务成果，从而验证估算；第二个好处是我们可以迅速地对业务假设进行压力测试，以验证交付的特性是否有助于实现预期的业务成果。我们也需要对 ROI 中的 "R" 进行压力测试，以检验是否有必要继续做这项工作。

这种预算方法的一个重要的财务结果是，通过设定预算来实现预期的业务成果，团队将不得不选择既有影响力又相对经济的解决方案。这与以往的方法所得到的结果恰恰相反。之前你为每一个需求进行大规模的前期预算，结果常常是过度透支，只实现了较少的业务成果。

为什么我们更喜欢自上而下的估算？因为它更快速、更简单，能在大多数情况下提供足够准确的信息。我们也可以对详细的需求进行估算，但鉴于我们准确估算的能力很差，结果可能不够准确，不能令人满意。

这种工作方式是我们经常在生活中使用的

举一个简单的购买食材的例子。我们要举办一个派对，需要估算食物成本以确定预算。我们可能预计采购 10 瓶葡萄酒（每瓶 39.99 美元）。当我们到达商店时，发现一些葡萄酒正在促销，但其品质与预期的品质相同，促销前的售价也与预期的价格相近。我们还发现我们想要买的其他东西已经售罄，因此不得不选择一些价格稍高的替代品。我们对这种方法感到满意，而且每天都这样来管理自己的钱款。我们的目标不是获得准确的购物清单，而是备货充足，备货在预算范围内，并使派对参与者满意。在到达商店后，坚持按照购物清单来采购是荒谬的，因为此时我们已经获得了新的更准确的信息。

我们可以用同样的方式来处理需求。我们评估需求是为了建立一个整体的成本目标。我们可能会发现，我们没有预料到的其他需求可能会使我们以更少的资金获得更好的结果，一些我们原本想要实现的需求可能根本不是必要的。实际上，采用这种方式会更有可能实现预期成果，而且通常可以以更少的资金实现。

如何管理变化的范围

我们需要更加灵活地定义范围。如果出现的新需求有助于实现经过组织一致同意的有投资回报的业务成果，那么它就是合理的。当然，如果出现与业务成果没有直接关联的需求，那么它可能不属于这个范围。如果能够确定某个需求不能产生业务成果，那么我们就不需要花费时间和金钱来交付它。这种思维方式可以大幅减少时间和成本，因为大多数项目中会存在许多可有可无的需求，对可测量的业务成果并没有突出的贡献。

在这种模式中，需求将不断演进和变化，这是敏捷过程在起作用的有力证据。随着我们对客户行为有了更多的了解，当我们了解了这种情况下能够产生多少经济效益，了解了我们的技术决策所能产生的结果时，我们应该改变需求。如果需求不变，那么说明我们没有在进步。

需求的变化不会破坏治理模式或控制模式，因为我们的模式不是基于需求，而是基于成果的。变更管理的挑战是解决频繁沟通、达成共识和过程透明化的问题。通过召开 VMO 会议、客户会议、发布计划会议、迭代计划会议，确定待办事项优先级，编写待办事项报告等，可以使我们维持有效的沟通。通过管理变更，可以使我们达成共识。达成共识是围绕目标进行的，如果要使用最新信息帮助我们实现目标，就需要我们具有灵活性。

如果没有固定的范围，那么如何测量进度？如何知道我们当前的状况以及何时完成？答案是我们要将业务成果作为关键的治理控制指标。

将业务成果作为关键的治理控制指标

在这种模式中，承诺是在业务成果层面，而不是在需求层面发生的。图7.3 显示了基本的治理模式。我们允许需求灵活变化是为了兑现承诺。现在，产品经理、项目经理、架构师和其他关键干系人需要找到有效、经济且快速的解决方案。为了确定项目是否实现了商业目标，他们应该定期测量业务成果吗？如果他们定期测量，就太晚了！他们需要经常将业务成果交付到生产环境中，并测量特性的使用情况。敏捷并不意味着"迭代开发"，而是指频繁交付、获得反馈，并根据数据做出调整。

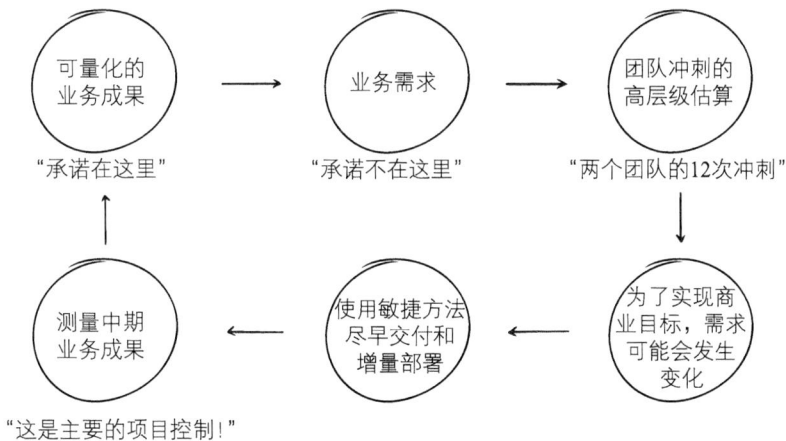

图 7.3　基于业务成果的治理模式

我们非常支持采用以价值流为基础的灵活的资金投入模式。在这种模式中，我们将为价值流提供资金，资金水平可能与前几年相似，我们只会在出现巨大的资金投入或资金削减的情况下才进行调整。对许多组织而言，这可能是很大的改变。对于希望尽量不受干扰的人来说，我们可以尝试采用基于成果的资金投入模式。在这种模式中，组织仍然可以继续投资项目，但是项目资金的投入要基于业务成果，而不是基于详细的范围。我们采用的是以项目为中心的价值流模式，而不是固定资金的价值流模式。

在这种模式中，VMO 可以为某个预期的业务成果（如降低成本、遵守法规或向竞品看齐）提供几百万美元的项目资金。在这种基于成果的项目中，主要的财务治理是围绕商业论证展开的，商业论证包括业务成果、支出和时间框架，但不包括需求范围。例如，我们可能会要求销售订单的处理能够实现以下目标：

- 成本降低 15%；
- 在年底之前降低成本；
- 使成本保持在 400 万美元的预算范围内；
- 根据季度结果进行分阶段的资金投入。

组织不必完全放弃项目以实现业务敏捷。组织仍可以实施带有明确、可测量的业务成果目标、时间框架和预算金额的项目，允许需求的灵活变更，以满足商业需求和客户需求。这为根据需要添加、更改、删除需求，以实现业务成果提供了灵活性。在这种模式中，业务成果是最重要的，但我们仍然保留了一些传统的项目参数：

- 我们仍然有一个预算；

- 我们仍然有一个时间框架；

- 我们有一种控制手段（频繁展示业务成果）；

- 我们没有设定固定的范围。

通过使用这种资金投入模式，并运用早期交付和试验思维，我们应该可以看到早期可测量的财务结果、成本节约、收入、新用户、较低的流失率等信息。如果没有看到，那么我们要反思，并迅速转向可以产生业务成果的功能和特性。我们可以根据迄今为止的财务支出来测量实际业务成果，以此判断财务 ROI 是否仍然合理。

我们可以将这种方法运用到临时性资金投入模式中，允许我们在一段时间内继续维持项目，同时逐渐熟练掌握基于成果的资金投入和治理方法。希望随着时间的推移，我们不再需要项目。

精益商业论证

推动业务敏捷的一种方法是运用精益商业论证。在许多组织中，商业论证过于详细，削弱了我们根据需求进行灵活调整和转变的能力。在低层级上捕获需求，会使我们最终陷入困境。我们可能仍然需要用商业论证来证明我们的投资是合理的。精益商业论证可以提供答案。精益商业论证聚焦于商业目标、预期的时间框架、要交付的主要功能，以及高层级的估算。由于使用传统方法对时间和资金进行估算的结果通常会出现偏差，所以我们不必过于关注细节。如图 7.4 所示，简化的商业论证是一个仅有几页的小型文档，包含以下内容：

- 需要解决的业务问题；

- 业务问题的重要程度；

- 解决方案将提供新功能或高层级特性；

- 将要实现的业务成果及如何对其进行测量；

- 制约因素或非功能性需求；

- 绘制发布路线图，显示何时交付哪些特性；

- 团队将遵循的工作预算要求。

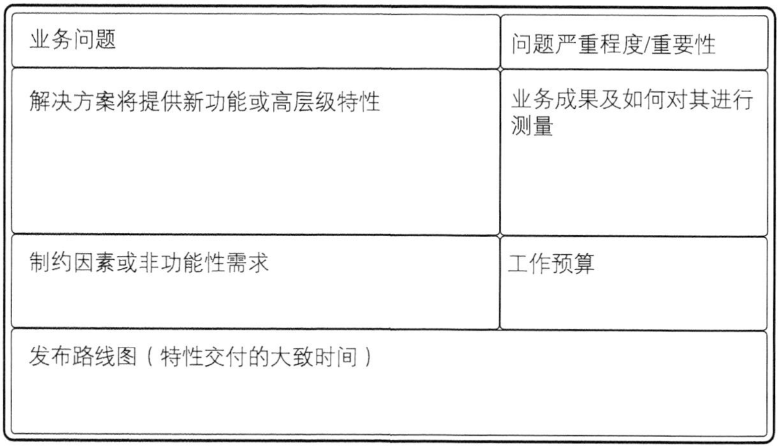

业务问题	问题严重程度/重要性
解决方案将提供新功能或高层级特性	业务成果及如何对其进行测量
制约因素或非功能性需求	工作预算
发布路线图（特性交付的大致时间）	

图 7.4　轻量级精益商业论证

我们帮助客户实施过这种商业论证，知道这是可行的。有些精益商业论证仅有四页纸。这些精益商业论证不仅具有灵活性，而且制作和审核的速度也很快。相比一般的商业论证，精益商业论证速度更快、花费更少，而且更有效，能够迅速适应客户不断变化的需求。

频繁交付并测量增量业务成果

精益商业论证主要关注预期的业务成果。为了测量业务成果的进度，VMO 必须推动组织进行临时发布，以获得项目绩效的客观数据。唯一重要的测量标准是实际的增量业务成果。迄今为止，我们采用灵活的资金投入模式是为了实现业务成果。因此，我们会基于真实的业务反馈对项目进行控制，根据业务目标测量绩效，并调整产品需求以实现业务成果。如果没有交付业务成果，那么我们便无法获得反馈，也就无法进行必要的转变，进而取得成功。

VMO 领导者需要与财务领导者及其他领导者合作，要求敏捷团队尽早且频繁地交付业务成果。他们还需要从敏捷团队获取可测量的运营数据，这些数据可用于评估业务成果。如果没有这些数据，我们所做的就是一个带有空白支票的瀑布式项目。

财务和会计可以成为业务敏捷的驱动因素。早期、频繁的运营数据可用来证明持续支出的合理性。通过这些数据，企业可以预见到比以往在计划工作模式下更多的项目的可行性，并更早地获取财务收益。

在传统模式中，我们使用瀑布模式管理资本性支出，在后期的开发和测试阶段会进行资本化运作，生产部署后的工作会再次产生支出。在敏捷交付模式中，我们同时进行分析、设计、开发、测试、生产部署和故障修复等活动。显然，阶段性的资本管理方法在新的交付模式中是不适用的。幸运的是，我们可以通过其他方式来管理资本性支出，比如，通过实际的工作事项或任务本身来管理资本性支出，或许这比传统方法更加有效。

通过使用跟踪用户故事和任务的敏捷项目管理工具，我们发现，对新特性或新功能的开发产生的是资本性支出，缺陷故事产生的是费用，为新功能进行测试的任务产生的是资本性支出。通过这种方式，我们可以测量实际的工作量，并区分费用和资本性支出。

在某些情况下，组织可能需要保持资本性支出与费用的比率。我们可以为产品负责人分配资本性支出和费用的"预算"。如果需要的话，我们可以认定 40% 的待办事项将产生费用，其余部分产生的是资本性支出。通过这种方式，我们可以根据资本性支出原则将待办事项进行优先级排序，从而实现财务目标。

然而，在首次将 MMP 或其他最小化解决方案部署到生产环境后，事情变得更加复杂了。如果我们继续为最小化解决方案添加工作，那么它将产生资本性支出还是费用呢？如果新增的工作能够产生新功能或使功能变得更强，那么它很可能被资本化。如果新增的工作是维护或修复缺陷，那么它产生的就是费用。有些公司在这方面有更严格的规定，例如，"在部署后支持发布的任何工作都将产生费用"，或者"新的软件版本的发布等同于一个项目的发布"。在这种情况下，我们可能需要与会计部门合作，制定出更明智、更准确的原则，使其与普遍公认的会计原则保持一致。

在这种情况下，更精确的定义可能对"发布"更有帮助。如果我们每隔几周就向生产环境部署新代码，那么每个新的部署是否都是一个新的发布？部署和发布不一定要等同。软件的新版本或发布可以通过许多单独的部署进行交付。

虽然一直以来资本性支出的问题都很棘手，但如今许多公司已经走上了敏捷的道路，对如何处理资本性支出的问题有了一些经验。我们可以使用敏捷项目管理工具轻松解决资本性支出的问题，我们还可以使用这种工具为用户故事和任务打上标签或对其进行分类，以便它们可以得到最恰当的处理。这种处理结果应该更准确。

货币时间价值

令人惊讶的是，即使是大公司，也没有足够关注货币时间价值。我们应该明白，今天的 1 美元比明年的 1 美元更有价值。然而，很少有组织要求它们投资的项目和产品能够在早期为其带来回报。

财务投资顾问公司 Motley Fool 这样解释："货币时间价值是金融领域最基本的概念之一，指的是今天的 1 美元比未来的 1 美元更有价值，因为今天你手中的 1 美元可以用来投资，将来变成更多的钱。此外，未来存在一种风险，即你可能拿不到你在未来应得的这 1 美元。"

我们应该深入探讨货币时间价值的概念。首先，你可以用你手中的 1 美元进行投资。其次，你可能拿不到你在未来应得的这 1 美元。通常我们希望在项目运行中能够减少成本、增加收入、提高效率并降低风险，这意味着大多数项目应该不仅能够收回成本，还应该获得额外的收益。

大多数组织开展项目所需的资金和能力远远超出了其实际拥有的，这导致许多项目并未获得投资收益。想象一下，如果这些投资能够更早地为我们带来回报，那么我们将有更多的资金，可以将其投放到更多的工作中，我们将获得更多收益。成功的关键是使项目尽快为我们带来回报。

敏捷和 DevOps 技术提供了加速部署和回报的工具。通过将精力集中在一些能够产生更多经济回报的功能上，并采用敏捷方法快速设计、交付和部署这些解决方案，我们就可以降低成本，进而获得更多收益并进行额外的投资了。

如果我们进行早期部署，但没有看到收入的上升或成本的下降，该怎么办？货币时间价值的第二个作用是让我们看到风险，即我们可能拿不到我们在未来应得的这 1 美元。通过早期部署，我们可以看到其中有些项目无法产生收益。也就是说，我们可以更早地发现经济回报上的问题。如果此时估算出的收益是错误的，那么估算成本还算是低的。通过敏捷交付，我们可以看到未来将不会得到回报，那么我们应该考虑是取消投资还是重新定向投资。

一个财务规范的敏捷组织应该对能尽早产生正面财务影响的项目和产品进行资金倾斜。

｜本章小结｜

资金和治理策略可以成为组织敏捷转型的严重障碍，也可以成为促进敏捷转型的因素。VMO 可以提供强大的领导力，将资金和治理策略引向关键、灵活的实践，以便使组织更早地获得回报。VMO 需要说服领导者，从高级财务发起人那里获得支持，以便将资金和治理演进到新的模式。

关注货币时间价值的度量指标，可以使我们更频繁地交付价值、降低风险、更频繁地测量项目的经济收益。采用这种工作方式，我们可以进行更小的投资，风险会小很多。我们可以通过灵活的投资流程进行小规模的投资。

灵活的投资模式、更频繁的战略计划的制订有助于创造一个快速开发、部署和成长的环境。在这种模式中，我们为价值流提供固定的资金支持。通过在特性层级进行变现，找到"经济输家"，尽量不去构建它们，或者找到使它们能够产生经济回报的可行的方法。

将业务成果作为关键的治理和控制对象，使用简化的精益商业论证来记录和证明投资的可行性，并在高层级上捕获需求。

尝试：在一些价值流上做固定投资试点

演化出一种新的资金和治理模式是一项复杂的任务，这需要很长时间。为了启动这项关键的工作并获得局部快速的胜利，你的 VMO 应获得领导者的支持，运行一些具有固定投资模式的试点价值流。然后，你可以与财务人员合作，利用这些试点结果，逐步将新的预算模式正式化。

第 8 章

管理组织变革

根据我们的经验，转型失败往往不是技术、架构、治理、流程的问题，也不是监管的问题。相反，导致组织转型失败有两个最常见的原因：一是缺乏清晰且被有效执行的长期变革管理战略，二是缺乏坚定的目标。事实证明，软性因素才是最难克服的。我们可以克服这些不利因素来进行敏捷和数字化转型，但这需要长期的投入和努力。VMO 非常适合帮助组织推动长期变革，并帮助组织坚持完成长远的目标。

事实上，传统的 PMO 很少有推动组织变革的。通常，PMO 会设计流程，并确保流程中的工作得到很好的执行。那么，PMO 该如何演进成变革驱动者呢？本章将为那些需要转型成为 VMO 领导者，即组织变革的真正领导者提供一些必要的工具。为了在整个组织范围内改变组织行为，领导者需要做的事情如下。

- 找到可信且充满激情的理由，用于解释变革必不可少的原因。
- 拥有能够证明新方法与公司的情况和目标具有紧密相关性的数据和故事。
- 将变革作为组织的战略目标，让高管对变革举措的成功与否承担责任。

- 为变革举措分配资金。

- 快速展示成功案例，以获得动力，并验证新模式的有效性。

- 设计并支持组织中各个部门的长期培训和教育模式。

- 创建一个跨层级、跨职能的领导团队，由他们负责推动变革。

- 充分利用早期的成功案例，对其他项目逐步进行变革。

- 设计并采用持续的全渠道沟通模式，以在相当长的时间内推广和支持变革。

这一系列目标为变革管理提供了基础，可以将 PMO 带入新的领域。在那里，PMO 将转变为充满活力的 VMO 来领导变革，而不是阻碍变革。

认识到变革非常困难

改变某种行为是非常困难的。尝试减肥、戒烟或戒酒的人都知道，改变自己似乎是不大可能的。改变组织中数百或数千人根深蒂固的行为是管理中最大的挑战之一，许多领导者并未意识到这是他们面临的最大障碍。我们过去的工作方式已经根植于我们的内心中，我们的生物化学属性已经被固化了。

我们已经深入学习如何以某种方式完成任务，并且大多数人都以某种方式取得过成功。在大多数组织中，当需要完成一项重要任务时，通常大家在并没有充分沟通的情况下，就开始工作了。因为组织已经多次完成过类似的工作，大家的行动已经在一定程度上被程序化、自动化了。这种长期学习模式已经在员工和组织中渗透，并且可能永远不会消失。

组织与个体是连接在一起的

程序化的行为被根植于神经网络中，它们永远不会消失。当然，我们可以学习新的工作方式，但是旧的行为模式仍然潜伏在潜意识中，随时准备在我们放松警惕时悄然回归。而如果我们经常运行同一种行为模式，它就会变得非常牢固。要想改变行为模式，我们需要通过额外的培训、教育和实践来开辟新的学习路径，以形成新的行为模式，并将其常态化。当我们学习新的行为模式时，大脑会形成新的路径，但原有路径并没有被删除，它们仍然存在，在碰到压力、困惑、挫折或注意力不集中的情况下，旧的被默认的路径将被激活。如果组织中有数百人或数千人遇到这种情况，我们就很容易明白为什么旧的行为模式会反复出现了。就像杂草，我们可以不断地拔除它们，但它们总会重新长出来，除非我们能够改变过去的行为路径。

从领导者达成共识开始

除了自然神经网络改变所带来的挑战外，还有来自不同观念的挑战。在政治领域，我们能看到这一点，也能看到这可能会导致社会功能紊乱。组织中有一些持有强烈信念的领导者和影响者，他们之间会存在分歧。这将导致领导者传递出不一致的信息，产生不太情愿的认同，甚至可能引发对抗（见图 8.1 ）。这些分歧正是组织在变革中会被利用的部分，领导者发出的信号将为旧的工作方式的延续提供沃土。结果是变革将比预期的要慢，甚至可能根本不会发生。

图 8.1　错位的领导观念

因此，组织的变革管理仍然是领导者最具挑战的任务之一，好在有大量的研究、工具和技巧可用于变革管理。变革的关键在于充分了解我们自己及我们的组织，并充分认识到我们需要这种变革。

在"软性因素"上投入更多时间

我们当中有许多人是通过走技术路线成为领导者的，我们可能擅长工程、会计、项目管理、写作、法律、金融等学科。因此，我们倾向于通过自己所熟悉的学科来寻找解决方案。如果遇到技术问题，我们会从架构或系统设计中寻找答案，如果遇到成本和进度问题，我们会在估算和更高级的项目管理工具中寻找答案。然而，我们通常不太擅长在自己的专业领域之外去寻找答案。如果我们遇到敏捷过程方面的问题，我们会继续寻求更多关于敏捷过程的答案。我们往往不会在个人行为变革、组织变革管理或其他"软性因素"中寻找答案。

　　成功的敏捷组织至少在某一方面比其他组织更具有优势：拥有懂得组织变革的领导者，他们会设计和执行全面的组织变革战略。我们相信这是组织长期取得成功的基石。这些组织能够适应新的商业环境、新的技术及不断变化的客户需求，因为它们有一套可复制的方法，可以使人们能够改变自己固有的行为模式，在环境发生变化时快速重塑自己的行为模式。

为漫长的征程做好准备

　　为了推动组织变革，我们需要用全面的战略来运行新的工作方式，并且需要用足够的时间让这些新的工作方式成为新的被默认的行为方式。这无疑需要有坚定的目标，需要我们经过数年的持续努力。缺乏长期视角、缺乏毅力是失败的另一个常见的原因。我们经常看到领导者低估了变革的困难，他们认为可以在 6 个月内改变重大流程。到了第 9 个月，当他们看到仍然有很长的路要走时，一些领导者要么开始失去兴趣，要么被卷入当下最新的问题中，从而失去了对变革的专注。如果将实施大规模敏捷视为一个给检查表打钩的活动，那么组织永远不会真正完成变革。培训员工了吗？培训过了。制定新流程了吗？制定了。这种浅显的方法几乎不会奏效。如果几年内我们没有充分的投入，那么新的组织系统则不太可能维持下去。如果公司在尝试走向敏捷的一年或两年后仍然陷入困境，领导者就会失去兴趣，认为"敏捷在我们这里没用"，然后转向对其他一些重大举措的实施。出于相同的原因，这些新举措也不太可能奏效。

不要忘记个人为之付出的代价

我们需要记住变革对员工及其生活带来的影响，记得在客户现场发生过的重要对话，因为这些对话体现了太多人在日常工作中的纠结。我们采访了一家大公司的员工，这家公司正在经历敏捷转型的挑战。通常情况下，在组织进行敏捷转型时，员工会超越其正常的职责范围。他们必须在保持一切正常运行的同时，开发和操作新的流程和系统。一位员工告诉我们："我理解变革的必要性，我也支持变革。但我是单亲妈妈，家里有三个孩子在等着我照顾。我只想做好我的那部分工作，然后回家。我不能为了这些事情花几个月的时间，每天加班加点。"

变革是漫长且困难的，需要来自跨部门领导者的持续投入。变革的责任不能只由少数人担负，这样做是不可持续、也不会奏效的。我们需要开发一个系统，从整个组织中寻求帮助，创建一个可以从多个角度支持变革的网络。通过在 VMO 中达成共识，以协作的方式协同工作，我们可以成功地执行领导者所面临的最困难的任务——驱动组织变革。

设计并建立一套变革管理系统

并非所有人都抵制变革，有些人是支持变革的，但很多人的强烈抵制会使变革变得极其困难。与我们有过合作的一位首席信息官说："我感觉公司有三分之一的人支持我，三分之一的人反对我，另外三分之一的人则表示无所谓。"这意味着有三分之二的人可能没有完全支持变革。为了使组织转型成功，我们需要开发一个使旧有模式难以存续的新系统。

所谓系统，是指广泛的活动和结构的相互连接，以实现组织的共同目标。我们必须设计并建立一个新的交付系统，使采用新的工作方式比旧的工作方式更加容易。瀑布式系统作为一个整体，是用来定义、支持、执行和衡量传统的工作方式的。当前系统中的各个组成部分都是相互支持的，敏捷变革也应如此。

我们需要整个系统来支持敏捷的工作方式。因此，当前许多跨职能的做法都需要调整，以创造最佳环境，使变革成功。有些做法需要稍作调整，有些做法则需要进行重大调整。换句话说，如果我们试图尽可能少做调整，那么变革成功的可能性将非常低。

一个敏捷变革管理系统是什么样的？它应该包括招聘、工作环境、度量指标、组织结构、流程控制、合同、绩效计划、培训计划、部署流程等功能，这些功能可以支持、鼓励和执行敏捷实践。简而言之，我们要设计一个便于实施敏捷的系统。以下是成功建立敏捷变革管理系统的一些要点。

制定明确的目标和变革愿景

领导者需要给出充分的变革理由。我们为什么要变革？为什么要现在开始变革？哪些数据支持了变革？领导者需要推动变革，提出的需求必须是真实的。如果需求不是真实的，变革只是为了追赶潮流，那么成功的机会将会减少，因为无论经营业务还是推动变革，人们不会感受到职责以外工作的重要性。最终，如果组织成员理解了变革的必要性，他们会支持变革，并在个人层面上受益。传达组织的需求需要持续相当长的一段时间，至少一两年。领导者需要定期提醒团队组织转型的原因、变革的重要性，以形成激励效应，使团队产生紧迫感并最终推动变革。

计划并执行长期的全渠道沟通

关于"我们要做什么""为什么这样做"的问题，需要在组织内部反复沟通。我们不能简单地陈述原因，不能认为完成了打钩的任务就算是"完成"了。著名的组织变革专家约翰·科特（John Kotter）表示，你需要为"沟通"这件事制订计划。为什么呢？因为只有变革直接影响到人们，人们才会真正关注变革。

对于正在进行敏捷转型的大型组织，可能需要几个月甚至一年的时间进行全渠道沟通。每隔一个月或两个月，就会有新一波人员受到变革影响，他们需要反复听到变革信息，因为当下的变革对他们个人而言很重要。我们需要反复传达相同的信息，因为对于第一次关注变革的新人来说，变革刚刚开始触及他们。他们将关注领导者会告诉他们什么，而不是领导者 6 个月前说过什么。所以我们需要一而再、再而三地重复，需要持续宣传和不断强化。市场营销和广告推广人员对此非常了解，在一个潜在客户愿意改变行为并成为真正的客户之前，他们必须为客户建立数百次甚至数千次的印象。这种沟通应该如何进行？全渠道沟通意味着我们需要利用所有可用的渠道来传达信息，如图 8.2 所示。以下是我们的客户的一些成功示例：

- 召开全员大会；
- 群发企业邮件；
- 为实施变革成立内部网站；
- 与经理召开"一对一"会议；
- 在走廊里挂海报；
- 在大屏幕监视器上播放视频；
- 客座讲师；

- 召开内部私密会议和网络研讨会；

- 召开庆功会；

- 共度欢乐时光。

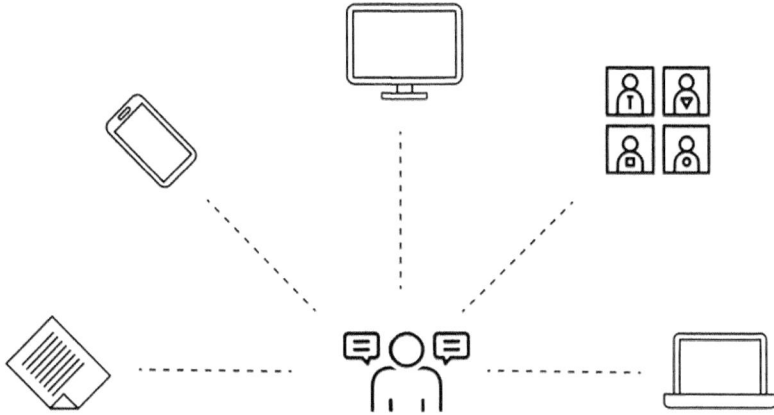

图 8.2　全渠道沟通

通常，我们先创建一种内部营销系统，通过在组织内部对一系列广告进行宣传，员工开始了解变革举措，越来越能接受新理念，并对变革产生兴趣，甚至是渴望。良好的广告能够促使人们尝试新事物，这是我们需要在内部沟通中运用的营销思维。

让教练帮助团队取得成功

变革是极其困难的，随着角色的演变，变革需要得到广泛的支持。如果在个人和团队层级上都无法成功，那么我们将无法说服员工；我们需要为员工和团队设定成功的前提。有几种方法可以实现变革，其中最主要的方法是对员工进行专业教育。我们不能采取一蹴而就的方法，成功的组织会制订跨越多年的长期培训计划。美国国土安全部、美国公民及移民服务局制订了一个世界级的敏捷教育计划，已经坚持了五年多。早期，它们的培训侧重于敏捷基础知识，后来侧重于 DevOps、自动化测试、敏捷项目组合管理等实践。

培训是必要的，但仅靠培训是不行的。为了提升培训效果，成功的组织还会借助拥有丰富实践经验的教练的力量。这些教练直接与团队合作，帮助他们将在培训中学到的知识应用到手头的工作中。

制定所有人都能支持的敏捷度量指标

敏捷度量指标可以在个人、项目和组织层面上支持或破坏企业转型。在个人层面上，如果我们只试图改变流程，但不改变测量绩效的度量指标，那么员工就会被牵着鼻子走。人力资源管理和绩效管理在转型中起着关键作用。除了提供前面所述的教育支持外，我们还需要通过敏捷绩效管理来对员工进行激励。

在项目集层面上，如果我们继续对阶段性绩效和瀑布式指标进行测量和报告，那么我们将采取的是传统的阶段性行为。敏捷的核心是持续交付并从用户那里获得反馈。因此，我们需要测量交付的频率，并测量市场反馈，否则很难实现持续交付。我们的一些客户制定了富有挑战且非常规的目标，可以帮助我们推动变革。在我们合作过的一家《财富》500 强的组织中，首席信息官要求公司"将每次发布的间隔天数和每次发布的成本减半"。我们合作过的另一位首席信息官规定，"至少每三个月要向客户交付一次产品价值"。这些敏捷度量指标具有以下特点：

- 相对简单易懂；
- 有大家都支持的口号；

- 需要许多部门共同参与，以实现业务成果。

这些度量指标迫使组织加速决策，并把注意力放在产品功能上；迫使敏捷团队快速开发软件；还在基础架构、安全性和部署方面对敏捷团队施加压力，以帮助其找到加速交付的方法。

过程度量指标也需要改变。敏捷组织需要测量发布燃尽程度、冲刺燃尽程度、冲刺可预测性、待办事项健康程度和其他度量指标，这些指标应有助于驱动敏捷行为。

在组织层面上，成功的企业将敏捷作为公司整体战略的组成部分。这些战略目标迫使高层领导者在宏观层面上推动组织对敏捷的实践。

案例研究：两位首席信息官的故事

以下是两位成就卓越的首席信息官如何在他们的组织中有效推动组织变革的示例。他们都取得了极大的成功，并且都试图在大型组织中改变企业文化。每个人都采用了一系列技术，同时解决了多个组织级障碍，如表 8.1 所示。

表 8.1　两位首席信息官的故事

第一位首席信息官	第二位首席信息官
• 设定宏伟目标	• 将敏捷作为政策来执行
• 组建高管执行团队	• 将资金与敏捷挂钩
• 确保试点项目启动并取得成功	• 确保试点项目启动并取得成功
• 推动全渠道营销活动	• 聘请经验丰富的顾问
• 聘请经验丰富的顾问	• 提供扩展培训
• 提供扩展培训	• 测量流程规范性

第一位首席信息官设定了非常高的目标，要"将每次发布的间隔天数和每

次发布的成本减半"。这是一个典型的宏大目标，它迫使组织重新思考它们的方法。如果仍然使用旧的度量指标来测量绩效，那么改变行为将是困难的。仅仅对传统流程的微小调整不足以使这位首席信息官实现他想要的结果。请注意，他没有说"组织必须进行敏捷转型"。他说他们"必须将每次发布的间隔天数减半"。他使用预期的业务成果来推动变革。此外，他组建了一支高管执行团队，可以对敏捷带来的所有变革进行高度统一。这支高管团队包括首席风险官、首席技术官、人力资源管理者、房地产企业和各种业务合作伙伴。他们彼此支持，使工作更敏捷。第一位首席信息官要确保早期试点项目获得成功，确保团队和产品负责人能兑现承诺，并为他们提供大量的培训和咨询服务。在高管层的支持下，他们能够利用企业沟通机制推动内部营销活动，并传播变革信息。这位首席信息官通过电子邮件、海报、视频、全员大会等可用的渠道充分交流成功的信息。这激发了组织成员对敏捷的兴趣和需求，为进一步推动敏捷奠定了基础。随着需求的增长，挑战变成了如何控制和管理敏捷，以避免失败。然而，企业文化已经开始发生变化，现在敏捷非常受欢迎。

第二位首席信息官在一个极为复杂、庞大的组织内使用度量指标来推动变革。他试图让每个人更频繁地交付价值，以实现更加敏捷的企业文化。他的方法是，对于那些一季度内没有计划向组织交付价值的项目，不予批准或不予拨款。采用这种方法的结果是，大部分项目从每年只交付一两次到一季度至少交付一次，这说明交付速度得到了巨大的提升。通过将投资与交付相结合，他几乎能够立即改变企业文化。如果你想看到快速的变化，那么请停止将资金流向旧的工作方式，要将其引导到新的成果中来！他还改变了组织的政策，将敏捷引入了正式的软件开发流程中。这一举措几乎迫使每个人接受敏捷思想。为了支持团队，他制订了敏捷培训计划，并雇用了许多经验丰富的顾问来帮助团队取得成功。他还部署了内部 PMO 组织，用于指导团队对常用的敏捷实践的应用。通过查看哪些团队没有频繁地展示可工作的软件或没有进行回顾和流程改进，他能够有针对性地提供辅导和培训，将更多的支持投入团队需要的地方。

这两个组织现在都是世界级的敏捷团队，都被认为是规模化敏捷的引领者。

对 VMO 进行定位，以驱动变革

组织变革需要大量的变革管理支持，并且需要组织内部协调一致。如果协调力度不够，要么行动根本不会发生，要么行动不会同步。为了有效管理变革，我们需要一个跨职能的领导小组，他们了解敏捷思想，并致力于使其发挥作用。领导小组的级别要足够高，以推动变革；同时要足够接地气，以了解团队的工作情况。听起来熟悉吗？这就是 VMO。

我们帮助建立 VMO，并与其合作，使用敏捷计划和交付技术来管理敏捷变革。VMO 帮助团队设定敏捷季度目标、制订冲刺计划，利用每日站会进行协调，并通过回顾帮助团队改进他们的敏捷实践。VMO 通过使用与团队相同的管理和测量工具来指导其自身的工作。通过这种方式，VMO 深入研究并真正理解了变革的挑战、方法、工具和流程，使敏捷全面融入组织，从而使 VMO 在推动敏捷变革方面拥有很高的领导地位。

│本章小结│

为了在敏捷实践中取得成功，VMO 应该帮助其组织创建一个促进变革的系统。根据我们的经验，这是成功的首要因素。VMO 应该为成功变革采取以下措施：通过培养变革领导者，将合适的高管干系人纳入团队，并设定激励团队的新的度量指标，让团队采用新的工作方式。VMO 可以帮助组织精选项目和人员，并为他们创造成功的条件。领导者可以通过为员工提供培训、咨询和支持来确保他们成功实现业务成果。VMO 在组织内部宣传成功经验，并将其作为未来运营方式的典范。VMO 从营销工具中寻找影响团队成员行为的关键因素。为了让团队成员成为敏捷的忠实客户，VMO 需要完成以下操作：

- 让团队成员理解为什么新的流程优于旧的流程；
- 让团队成员能够适应敏捷过程；
- 让团队成员尝试使用敏捷方法，并确保他们在初次使用时有很好的体验。

任何市场营销高管都会告诉你，开拓新市场可能需要几年时间，敏捷也是如此。VMO 需要在组织内部对敏捷实践进行多年的营销和培育，才能确保下一波团队继续取得成功。

我们希望通过对变革保持较高的关注度，使敏捷在组织中得以蓬勃发展，并成为我们新的工作方式。

尝试：启动一个长期的敏捷教育计划

设计一套变革管理系统的第一步是启动一个长期的敏捷教育计划。首先，计划出前六个月的培训课程，通过一系列微课或在线模块补充个体学习路径。每隔三个月，根据上一季度的传授经验修订教学方法。教学的主要目标是让每个人都能持续学习，并确保其学习成果与组织期望的成果相一致。

第 9 章

建立 VMO

现在是时候开启你的 VMO 旅程了！无论你是项目经理、项目集经理、团队成员、高管，还是其他领导者，你都可以对你的组织管理变革的方式产生影响，并通过敏捷方法实现价值流动。

在前面的章节中，我们介绍了 VMO 在敏捷组织中的重要角色，并深入了解了 VMO 的工作要素。我们还讨论了 VMO 如何帮助组织加速价值交付。

推动任何变革都是艰苦的工作，而长期支持变革更是难上加难，但是当我们能够通过组织的成功积极影响所有参与者的工作与生活时，这一切都是值得的。已经踏上这趟旅程的 VMO 领导者看到了毋庸置疑的结果。正如我们在第 1 章中所看到的，全美互惠保险公司在大约 18 个月内将价值交付速度提高了 67%，将端到端周期时间减少了 30%，并将成本降低了 15%。另一家大型公共事业公司通过 VMO 在一年内首次建立 SAFe 框架，实现了其最初制定的 OKR。在该组织中，VMO 通过实施精益组合管理来促进创新并更快地向客户交付价值。在一家金融服务组织中，一个以业务为导向的 VMO 成功推动了组织的全渠道转型，并在大约一年内实现了初始的业务目标。还有一家组织在其信息安全部门设立了一个 VMO，以帮助敏捷团队与关键风险和信息安全管理的 OKR 保持一致。

在本章中，我们将讨论如何引领你的组织建立 VMO，如何管理和推动组织变革并实现业务成果。我们将为小型项目集和大型项目集展示潜在的 VMO 组织结构。我们还将简要介绍如何将 VMO 与 SAFe 方法相结合。

将 VMO 创建为跨职能、跨层级的领导团队

在帮助某组织建立 VMO 时，一位资深高管给 VMO 设定了以下目标："当我们踩下油门时，我们希望整个组织一起前进。"这句话揭示出了 VMO 可以发挥的巨大作用。VMO 应该作为组织变革的支撑力量，将组织的战略转化为以成果为导向的行动和变革。

为了将 VMO 建设成为跨职能、跨层级的领导团队，你需要确保 VMO 拥有在组织各部门、各层级之间充当"联结销"角色的成员。VMO 通过依靠"联结销"成员在团队和价值流之间进行沟通、协调关键工作，来推动整个组织向前发展。这些成员将在 VMO 和他们的组织单元中担任职务，并确保 VMO 与这些组织单元之间紧密联系。VMO 的关键角色如图 9.1 所示。

在这个示例中，VMO 在更高的价值流层级上运作，并协调跨多个价值流的组织变革。VMO 可以更加紧密地与高管执行团队合作，执行公司范围的情景计划，并制定全公司的 OKR。VMO 也可以与价值流经理合作，根据 OKR 绘制与价值流一致的产品路线图。

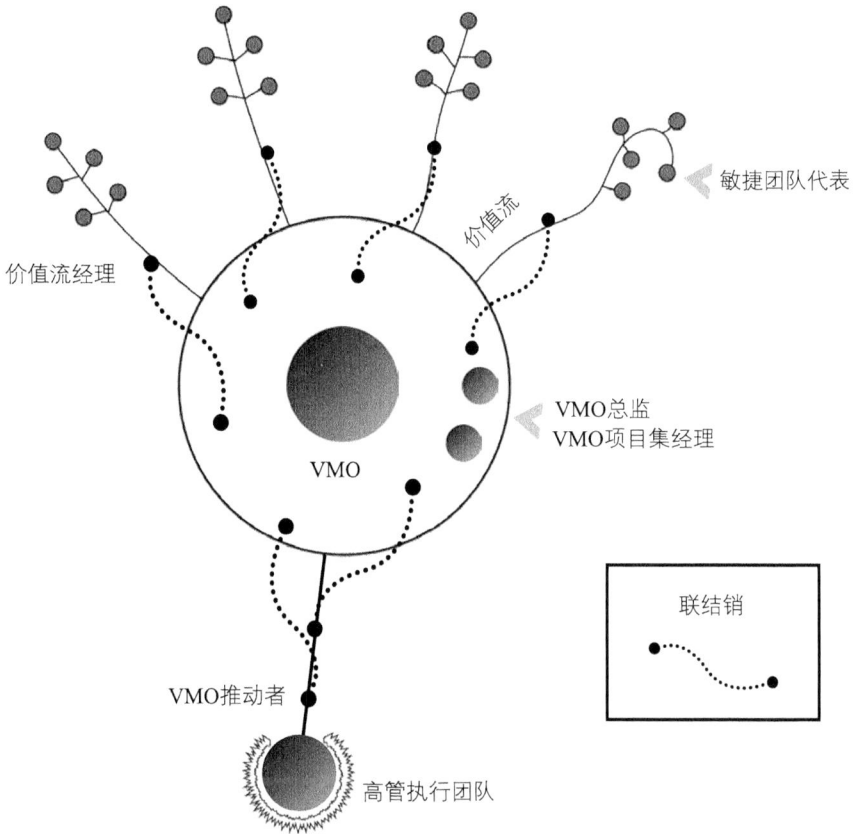

图 9.1　VMO 的关键角色

明确角色和职责

　　VMO 中的关键角色包括 VMO 总监、VMO 项目集经理和 VMO 推动者。从这个核心团队开始发展，你需要确保你的 VMO 包括高管执行团队，以及来自不同价值流和团队的价值流经理和敏捷团队代表。这些代表可能专注于产品管理、运营、IT、信息安全、架构、销售、市场、财务等领域。

你可以通过以下职位设置来建立一个网络化的团队组织。

VMO 总监和 VMO 项目集经理

若把 VMO 比作一支敏捷团队，那么 VMO 总监是与产品负责人等效的角色，VMO 项目集经理则是与 Scrum Master 等效的角色，他们在短期内领导交付，长期执行战略。这些角色通常由高级经理或总监担任，他们有能力在业务部门和 IT 部门之间执行关键的变革工作。

"联结销"代表

这些联结销有三种类型：一是与更高级别的高管执行团队进行对接的高管，二是负责项目集管理的价值流经理，三是与敏捷团队进行对接的团队成员。这些"联结销"角色积极地为 VMO 和他们各自的敏捷团队、价值流或高管执行团队提供服务。通常，C 级高管或他们的直接下属担任的是高管执行团队与 VMO 之间的"联结销"角色。同样，我们经常看到 Scrum Master、产品负责人和发布火车工程师担任敏捷团队与 VMO 之间的"联结销"角色，产品经理通常担任业务单元与 VMO 之间的"联结销"角色。

敏捷团队代表

敏捷团队会选出代表加入 VMO。Scrum Master、产品负责人和发布火车工程师等关键角色会被选为 VMO 的代表。团队可以在生命周期的特定时点选出最适合的代表，这种角色的选择应该是滚动进行的。例如，团队可能会决定，测试主管在进行重大发布时最适合代表他们，因为他可以在 VMO 会议上更好地解决产品质量问题。

这些角色及相应的职责在表 9.1 中有详细说明。

表 9.1　VMO 的角色和职责

VMO 的角色	职位示例	职责
VMO 总监	副总裁、高级副总裁、总监	• 建立 VMO • 分配 VMO 角色 • 确定 VMO 会议的节奏、地点、时间
VMO 项目集经理	项目集经理、高级项目集经理、项目经理	• 安排 VMO 会议时间 • 主持 VMO 会议 • 创建和维护 VMO 待办事项列表
VMO 推动者	副总裁、高级副总裁、首席信息官、首席运营官、首席执行官	• 领导组织变革 • 推动 VMO 的发展和敏捷转型
高管执行团队	首席信息官、首席运营官、首席财务官、首席执行官、业务负责人、项目发起人、项目组合经理	• 设定战略目标 • 沟通战略调整 • 消除障碍 • 决定启动新的投资流（如史诗故事或特性） • 决定对现有的投资流进行重大转向 • 决定停止现有的投资流
价值流经理	项目集经理、首席产品负责人或敏捷产品经理、首席 Scrum Master 或发布火车工程师、敏捷企业教练、企业架构师、合规代表、法规代表、风险代表、运营主管	• 管理工作量 • 领导"工作分解"工作 • 根据战略目标，在史诗故事或特性层级对工作进行优先级排序 • 测量并报告项目组合的健康度 • 建议投资变更 • 跟踪财务绩效和度量指标 • 管理资源分配 • 凸显过程改进机会 • 驱动变革管理
敏捷团队代表	产品负责人、Scrum Master 或敏捷教练、需要讨论依赖关系的团队代表	• 报告基于业务成果的进展 • 讨论潜在的投资转向 • 处理团队层级不能解决的障碍 • 凸显与其他团队的依赖关系

召开 VMO 会议并设定节奏

VMO 使用标准的敏捷实践和工件，例如，在定期召开的 VMO 季度计划会议中创建和更新按优先级排序的长期待办事项列表，以及在定期召开的 VMO 冲刺计划会议和评审会议中创建和更新按优先级排序的短期待办事项列表。VMO 还需要召开日常的 VMO 站会，并定期跟踪和监督项目。

所有的敏捷方法都依赖于两个重要的基本概念：时间盒与节奏。时间盒曾被视为生产力提升的百种工具之一，它是一种为计划活动分配最多时间的技术。敏捷团队通过分配固定周期的迭代或冲刺来运用时间盒。

这些团队还会制订更长的进度计划，将时间盒按照有规律的节奏排列。敏捷方法中按节奏进行开发的理念在精益概念"节拍时间"中有着更深的根基。精益使用"节拍"的概念或精确的时间间隔来按需生产。我们使用敏捷团队的运行节奏来确保关键事项按照固定、可预测的进度进行。

当计划召开 VMO 会议时，你需要为其设定时间盒，并为一组核心会议设定节奏。

VMO 站会

就像斯坦利·麦克里斯特尔将军通过每日分享与关怀会议将联合特种作战部队从一个筒仓式的团队转型为敏捷团队一样，你的 VMO 也需要通过定期的分享与关怀会议来建立 VMO 成员之间的信任，并促进所有价值流之间的合作。

一般情况下，VMO 至少每周举行两次 VMO 站会。站会的持续时间因组织的复杂性和工作范围的不同而有所不同，有的组织可能需要 15 分钟，而有的组织可能需要 90 分钟。

站会由 VMO 项目集经理主持，从信息分享开始，采用"Scrum of Scrums"模式进行。参会者评审 VMO 待办事项列表，并轮流快速地分享他们各自组织单元的进展情况。VMO 总监和 VMO 发起人要经常鼓励参会者分享所有的进展情况，无论好消息还是坏消息。

在每个人都分享了时间盒内的进展情况后，VMO 项目集经理会主持召开一个开放式的、有时限的会议，以解决集体的问题和 VMO 成员之间的协作问题。会议在总的会议时间盒结束之前休会。

VMO 站会每周至少召开两次，这是至关重要的，你需要决定在你的组织中使会议保持什么样的节奏。如果情况变化迅速，或者组织处于变革的早期阶段，那么召开每日站会也是相当普遍的。

回顾会议

VMO 应该定期召开回顾会议，以发现哪些行动是有效的、哪些行动是无效的，以及 VMO 需要采取什么行动来改进。你还要决定是每季度还是更频繁地召开回顾会议。以下主题应该以开放的方式进行回顾和改进：

- 团队结构；
- 价值流设计；
- 沟通；
- 团队合作；
- 工作优先级；

- 目标达成；

- 预算分配；

- 工具。

在回顾会议结束后，VMO 应该参加大房间计划会议，与目标达成一致，并计划下一季度的工作。

大房间计划会议

正如我们在第 4 章中所了解到的，大房间计划会议是用来协调多个团队的一种有效方法。VMO 成员需要每个季度聚集在一个大房间内（无论线上还是线下）评审过去一个季度的进展和结果，并计划下一个季度的工作。

VMO 是一个比整个项目组合或价值流小得多的组织，VMO 每个季度的大房间计划会议通常涉及以下几个方面的投入。

- VMO 总监和 VMO 项目集经理准备 OKR、预算和反映业务情况的数据，这通常需要几周的时间。

- 价值流经理及其产品负责人和团队准备交付产品的数据和计划，这通常需要几周的时间。

- 所有 VMO 成员与其所影响的人密切合作，这通常只需要一天的时间。

- VMO 推动者和 VMO 总监对业务成果的进展和任何其他重要信息进行正式的演示。

- 每位价值流经理轮流对上一季度的 MMP，以及下一季度各个价值流的计划和 MMP 进行正式的汇报。

- 所有参会者对跨组织的影响展开热烈讨论。

- 讨论风险和依赖关系，并制定降低风险的措施。
- 制定下一季度的 VMO 待办事项列表。

大房间计划会议应该实现以下目标：

- 明确下一季度的 OKR；
- 明确下一季度要交付的 MMP 及其特性；
- 了解关键依赖关系和风险；
- 制订用于管理变革的沟通计划；
- 在 VMO 待办事项列表中包含特定的行动事项。

启动 VMO

在你创建了 VMO、制订了 VMO 会议计划并设定其节奏之后，就代表你已经为启动 VMO 做好准备了。在通过正式的启动会议启动 VMO 之前，一个重要的步骤是对领导层进行关于敏捷方法的培训，并定义他们在领导 VMO 和整体转型中需要扮演的角色。

首先对领导层进行培训

你的领导层（包括高管执行团队和价值流经理）很可能需要在敏捷方法、情景计划、OKR 制定、精益组合管理及 VMO 角色方面接受大量的培训。一种非常有效的培训方法是对其进行 3 ~ 4 小时的培训，介绍敏捷和他们的职责。培训目的是加速领导层对敏捷思想的理解，并为他们提供实用的工具和技巧，以便他们能够在新的敏捷结构下高效地领导团队工作。

制定组织级 OKR 和预算

如第 4 章中所述，VMO 需要制定行之有效的战略。为了实现这一目标，首先你要制订情景计划，然后将情景构建到 OKR 中，这将成为 MMP 的基础。你需要与高管执行团队中的一名或多名成员一起召开会议，对 OKR 进行迭代。你还需要让高管干系人为 VMO 的项目组合中的所有事项确定高层级的预算分配。

通过启动会议启动 VMO

通过启动会议启动 VMO，可以为 VMO 设定基调，确定其需要完成的工作的重要步骤。你可以在启动会议的议程中考虑一些事项，如表 9.2 所示。

表 9.2　VMO 启动会议议程示例

议程事项	职位
介绍 VMO 和高管执行团队的概念	VMO 执行总裁
简要讨论所有参会者的要求	VMO 总监
介绍组织的 OKR 和预算	VMO 高管执行团队干系人、VMO 执行总裁
制定 VMO 团队规范并确立价值观	VMO 项目集经理
召开简短的头脑风暴会议，探讨价值流经理的角色和责任	价值流经理、VMO 总监和 VMO 项目集经理
制定待办事项列表，进行优先级排序，并准备在下次 VMO 站会上分享他们下一期的计划	价值流经理
确定 VMO 行动事项，尤其是下一组会议的行动事项	VMO 项目集经理

启动敏捷卓越中心

正如我们在第 8 章中看到的，所有成功转型的组织都会积极地管理变革。在一个较长的时期内开发一个系统并进行全渠道的沟通需要 VMO 保持专注并制定目标和规范。与日常管理项目组合的工作流不同，变革管理是一种长期的、具有战略性的领导活动。

确保这项关键工作正确实施的最佳方式之一，是在 VMO 内部创建一个敏捷卓越中心。如果你建立了 SAFe 框架，那么这意味着在 VMO 内部设置了一个敏捷卓越中心。由高管执行团队干系人提供指导，敏捷卓越中心负责开发变革管理系统并进行全渠道沟通。从敏捷培训到进度安排，再到定期举办午餐交流学习活动，敏捷卓越中心展示了敏捷转型的持续进展，并传播关于敏捷转型的关键信息。例如，美国国土安全部成立了一个敏捷卓越中心来驱动敏捷和 DevOps 走向成熟。该中心每月邀请专家进行演讲，以确保团队的持续学习和交流。

管理敏捷生命周期

一旦启动，你的 VMO 将在战略层面负责驱动组织变革，同时在日常层面负责管理一个动态的工作组合。VMO 的日常工作由 VMO 项目集经理协调，并与价值流经理密切合作，以管理动态的工作组合。

我们可以将这种价值流管理工作的敏捷生命周期分为两个主要类别：准备工作和完成工作，如图 9.2 所示。我们将使用一个简化的 SAFe 框架作为工作示例，如下所述。

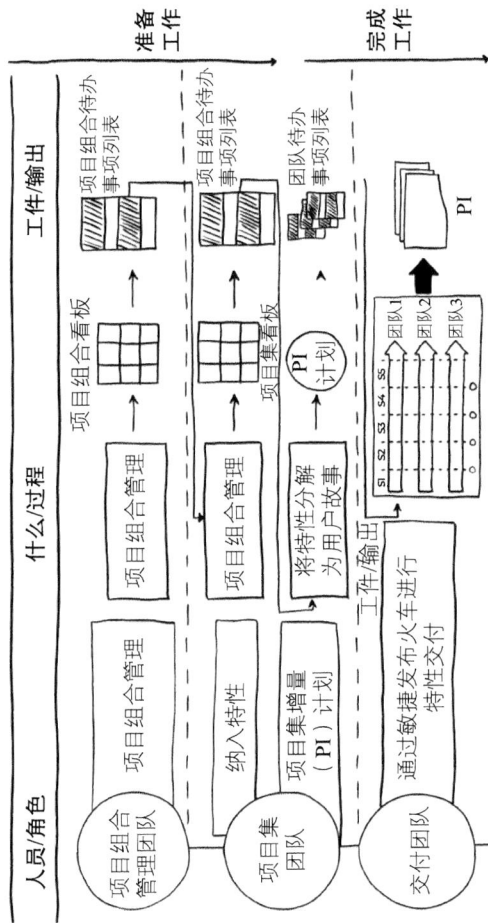

图 9.2　管理敏捷生命周期

管理敏捷生命周期——准备工作

整个 SAFe 框架上的团队需要做好准备工作。在准备工作的一系列活动中，你需要使你的领导层在业务目标、支持业务目标的史诗故事，以及预算或资源分配方面达成一致。为了支持这些业务目标，你需要一个能够培育新能力的架构跑道。你还需要一个 VMS，以管理表 9.3 中的工作流。

表 9.3　准备工作的工作流

工作流要素 / 可交付物	目标和详细信息
情景计划和 OKR	制定战略主题和 OKR （有关如何制订情景计划和追踪 OKR，请参阅第 4 章）
项目组合史诗故事和 MMP	用史诗故事和 MMP 管理项目组合中最重要的举措 （有关优先级排序和选择 MMP 的详细信息，请参阅第 6 章）
季度预算	• 开展资金和治理实践，以提高产量并降低成本 • 围绕支出和其他财务因素设定财务界限 • 为价值流分配资金 （有关如何制定资金和治理策略的详细信息，请参阅第 7 章）
项目组合看板	对项目组合史诗故事的优先级排序及流动进行可视化、管理和分析： • 建立 VMS • 跟踪漏斗、评审、分析、项目组合待办事项列表、实施情况和完成情况 • 根据交付流和增量业务成果测量项目组合绩效 （有关如何建立 VMS 的详细信息，请参阅第 5 章）
架构跑道	通过自动化的构建和测试、持续集成、持续部署来支持持续的价值流

通过执行这个工作流，VMO 可以在目标、工作、架构和产能分配方面与组织保持一致。

管理敏捷生命周期——完成工作

组织的目标现在已经确定，下一步就是持续执行计划，完成工作。主要的产品交付机制是将团队聚合到敏捷发布火车中，通过价值流使客户需求和业务成果保持一致。基本的 SAFe 框架需要团队和敏捷发布火车保持定期的交付节奏，并通过项目集增量进行同步。

管理工作流需要的主要要素如表 9.4 所示。

表 9.4　完成工作的工作流

工作流要素 / 可交付物	目标
项目集看板	将特性流可视化并对其进行管理，通过持续交付管道对特性进行构思、分析、实施并发布
大房间计划、项目集待办事项列表	定义价值流，使之与战略保持一致，并制订整合计划
冲刺计划、团队待办事项列表	为即将到来的冲刺进一步在团队层级进行优化
每日例会	每日同步和障碍识别
"Scrum of Scrums" 和产品负责人同步	对不同的团队和产品负责人进行同步和协调
敏捷发布火车 / 团队的特性交付	以交付经过测试的可工作的软件为主要的进展测量标准
季度检查和调整	跨团队集成和系统演示。在团队间进行项目集回顾，以便改进

将 VMO 扩展到多个层级

在大型组织中，可能会有多个 VMO，每个 VMO 都管理不同的项目组合或大型项目组合的一部分。例如，在大多数大型组织中，市场营销和客户关系所产生的项目组合的规模和复杂性足以让每个业务都有其自己的 VMO。在这个例子中，市场营销 VMO 将负责监督与数字营销、企业通信和重大活动管理相关的工作。与此同时，可能还会有另一个 VMO，专门负责与职能相关的工作，如客户账户管理。每个 VMO 都将拥有自己的价值流，并使用分配的预算来管理。

为了将多个价值流和多个项目组合扩展到这个层次，我们需要一个企业级 VMO，如图 9.3 所示。企业级 VMO 将设定企业目标、分配产能，并度量跨越所有职能的结果。企业级 VMO 还将直接与高管执行团队互动，并作为项目组合层级的市场营销和客户关系 VMO 的集成点。

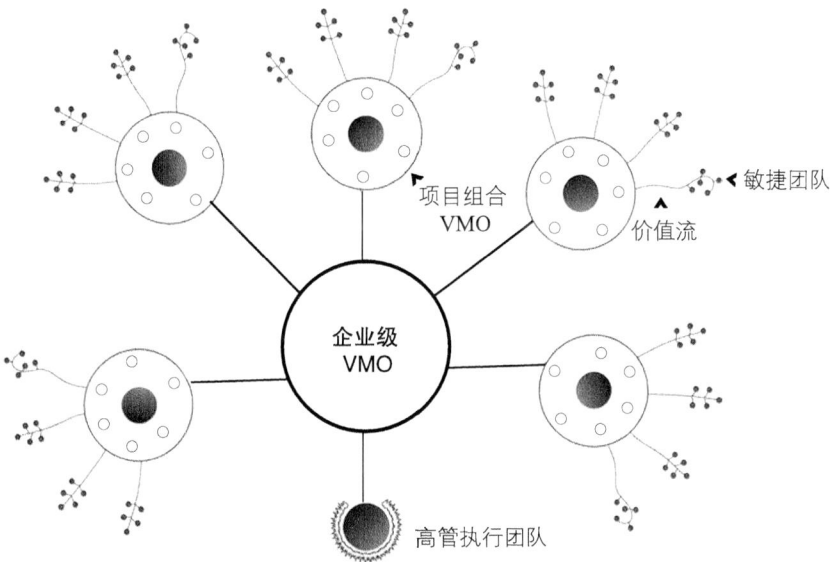

图 9.3　通过企业级 VMO 将 VMO 扩展到多个层级

在实践规模化敏捷的组织中，这种扩展模式和方法很常见，当 DA、SAFe 和其他方法一起被正确使用时，组织会取得成功。

| 本章小结 |

将你的 VMO 创建为一个跨职能和跨层级的团队，从明确角色和责任、召开 VMO 会议并设定节奏，到启动你的 VMO，这个过程可能需要数周甚至数月的时间。

通过为 VMO 设置合适的人员和过程来推动变革，你的组织将朝着业务敏捷迈出重要一步。

一旦 VMO 被启动，它将持续管理敏捷生命周期的两个要素：准备工作和完成工作。如果你需要扩展 VMO，同时处理多个项目组合，那么你可以将其演进到一个企业级的 VMO 结构。

本章综合了前面章节的内容，为你提供了在你的组织中建立 VMO 的蓝图。你可以在 DA 或 SAFe 框架中发挥 VMO 的作用，也可以在没有使用规模化方法的组织中，直接与 Scrum 团队或看板团队合作。

我们与许多客户合作设计了 VMO，以满足他们对敏捷转型及快速、持续地交付业务成果的特定需求。我们已经了解了 VMO 的现状，并期待听取你的意见，以便我们可以一起持续演进。祝你在 VMO 之旅中拥有好运！

版权声明